금강반야경

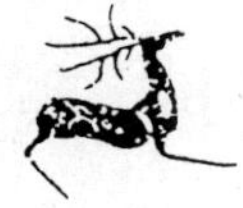

불교경전 ❹

금강반야경
(金剛般若經)

번뇌의 단절 ● 정호영 옮김

민족사

일러두기

1. 《금강반야바라밀경》(金剛般若波羅蜜經, *Vajracchedikā prajñāpārami-tā*)은 여러 종류의 반야경 가운데 비교적 짧을 뿐 아니라 오래된 경전에 속한다. 광범위한 지역에서 애독되어 온 《금강경》은 산스크리트 원본 외에 티베트어역과 여러 종류의 한역이 있으며, 코탄어, 소그드어 등의 중앙아시아어 번역도 남아 있다. 그리고 금강경에 대한 주석서는 13종에 이른다(원전 및 주석서에 대한 자세한 설명은 정승석 편, 《불전해설사전》, 민족사, p. 47을 참조할 것).

2. 산스크리트 원본은 일찍이 막스 뮐러가 출판한 것이 가장 유명하며 (*Vajracchedikā Prajñāpāramitā-sūtra*, ed. M. Müller, 1881), 그후 여러 종류의 이본이 발견되고 출판되었다 한역으로는 구마라집(鳩摩羅什)의 번역이 가장 충실하고 또한 널리 알려져 있다. 여기에서 저본으로 사용한 것은 콘즈본이다(*Vajracchedikā Prajñāpāramitā-sūtra*, ed. & tr. Edward Conze, Roma, IsMEO, 1957). 우리말 번역은 산스크리트본에서 번역된 나가오 간진(長尾雅人)의 일역(《大乘佛典 1 般若部經典》, 中央公論社, 1980)과 콘즈의 영역본을 참조하였다. 그리고 아상가의 주석을 소중히 여겨 경의 본문 사이에 삽입하였다. 경의 본문이 한 단락씩 끝나는 부분에 별도로 【무착송】이라고 표시하여 구분하고 있는 부분이 아상가(무착)의 게송이다. 원래는 77게송에 대한 번호가 있었지만 우리말 번역에서는 번잡하여 삭제했다.

3. 유가행유식학파의 시조인 아상가는 이 경에 대한 주석으로 77게송
   을 지었다(《게송에 의한 주석》). 그 산스크리트 원본은 투치에 의해
   티베트에서 발견되고 곧이어 출판되었다(G. Tucci, *Minor Buddhist
   Texts*, Part I, Roma, IsMEO, 1956). 아상가의 주석은 이 경에 대한
   주석 가운데 가장 오래 된 것이며, 산스크리트 원본이 남아 있는 것
   으로는 유일하다.

4. 양(梁)나라 소명태자(昭明太子)는 구마라집이 한역한 금강경을 32분
   (分)으로 내용을 나누었다. 소명태자의 이 분절 방식은 중국, 한국
   등지에서 널리 유행되었으며, 심지어 산스크리트 원본도 거꾸로 이
   분절을 답습하고 있다. 이 책 역시 기존의 32분(分) 방식으로 내용
   을 나누었으나(산스크리트본 역시 소명태자의 32분을 따르고 있으므
   로) 간혹 내용상 맞지 않는 곳도 있다. 또한 금강경을 독송하는 많
   은 불자들을 위하여 구마라집이 역출한 한역 금강경을 책 뒤에 실
   었다.

5. 내용을 쉽게 이해할 수 있도록 한역의 관용구를 괄호 속에 적었으
   며, 역자가 보충하여 번역한 것은 따로 표시하지 않았다. 그리고 경
   본문 사이 사이의 작은 제목들은 독자들의 편의를 위하여 별도로
   뽑은 것이다. 십여 자에 지나지 않는 작은 제목들이 결코 충분한 것
   은 아니지만 독자들의 이해에 도움을 줄 것이다.

위대하고 신성한 '지혜의 완성'(반야바라밀)에
귀명합니다.

제1장 법회인유분

설법의 시작

다음과 같이 나는 들었다.

한때 세존[1]께서는 1,250인의 큰 비구[2] 승가와 수많은 위대한 보살들[3]과 함께 슈라바스티(舍衛城)[4]의 제타 숲에 있는 아나타핀다다(給孤獨長者)의 기원(祇園)[5]에 계신 적이 있었다.

그때 세존께서는 아침 일찍 바지를 입고 발우와 저고리를 들고는 탁발하기 위하여 큰 도시인 슈라바스티로 가셨다. 큰 도시인 슈라바스티에서 탁발을 하며 다니시고 공양을 마친 세존께서는, 오후에 탁발에서 돌아와 발우와 저고리를 정돈하고 두 발을 씻고, 가부좌(跏趺坐)하고 몸을 곧게 하여 마음을 눈앞에 집중한 뒤 마련된 자리에 앉으셨다.

그때 많은 비구들이 세존이 계신 곳으로 갔다. 그리고는 세존의 두 발에 자신의 머리를 대고 예배하고는 세존 주위를 오른쪽으로 세 번 돈 후[6] 한쪽에 앉았다.

제2장 선현기청분

부처님의 은혜

바로 그때 장로 비구인 수부티(須菩提)[7]도 그 자리에 앉아 있었다. 그런데 장로 수부티는 자리에서 일어나 한쪽 어깨에 윗옷을 걸치고[偏袒右肩][8] 오른쪽 무릎을 땅에 대고 세존이 계신 곳을 향해 합장하면서 다음과 같이 세존께 말씀드렸다.

"세존이시여, 놀라운 일입니다. 선서(善逝)[9]시여, 참으로 경탄스러운 일입니다. 위없는 올바른 깨달음을 얻으시고 저희가 지극히 존경하는 여래[10]께서 이렇게까지 최고의 은혜를 위대한 보살들에게 베풀어주시는 일은. 세존이시여, 놀라운 일입니다. 올바른 깨달음을 얻으시고 저희가 지극히 존경하는 여래께서 이렇게까지 최고의 위촉으로써 위대한 보살들에게 부촉(付囑)하고 계시는 일은."

【무착송】 '최고의 은혜'란 보살의 몸을 받은 것과 보살 주변의 중생들이 구제의 은혜를 받은 것임을 알아

야 한다. ‘최고의 위촉’이란 이미 깨달음을 얻은 사람
과 아직 얻지 못한 사람 모두가 그 얻은 깨달음과 얻
어야 할 깨달음을 잃지 않도록 하는 것이다.

보살의 삶

“그런데 세존이시여, 훌륭한 아들딸로서 이미 ‘보살의 길
〔菩薩乘〕’로 나아간 사람은 어떻게 살아가야 하며, 어떻게
활동하며, 어떻게 마음을 다스려야 합니까?”
　이와 같은 질문을 받고 세존께서는 장로 수부티에게 다음
과 같이 말씀하셨다.
　“참으로 훌륭하구나, 수부티여. 그렇다, 수부티여. 그대가
말한 대로이다, 수부티여. 여래는 최고의 은혜로써 위대한
보살들을 돕고 있으며, 여래는 최고의 위촉으로써 위대한
보살들에게 부처님의 가르침을 부촉하고 있는 것이다. 그러
므로 수부티여, 잘 듣도록 하라. 마음을 기울이도록 하라.
처음 보살의 길로 나아간 사람이 어떻게 살아가며, 어떻게
활동하며, 어떻게 마음을 다스려야 하는지를 이야기하리
라.”
　장로 수부티는 대답하였다.
　“세존이시여, 그렇게 해주시옵소서.”

제 3 장 대승정종분

보살은 어떻게 살아가야 하는가

세존께서는 다음과 같이 말씀하셨다.

"수부티여, 보살의 길에 뜻을 둔 사람은 다음과 같은 생각을 일으켜야 한다. 수부티여, '생명체의 세계[衆生界]에서 무릇 중생에 속하는 살아 있는 모든 것, 즉 알에서 태어난 것이든 모태에서 태어난 것이든, 습기로부터 생겨난 것이든 홀연히 화생(化生)한 것이든,[11] 형태를 지닌 것이든 형태를 지니지 않은 것이든, 의식이 있는 것이든 의식이 없는 것이든, 의식이 있는 것도 아니고 없는 것도 아닌 것이든, 그것이 무엇이든 중생계에 속하는 것 모두를 나는 작은 번뇌마저도 없는 열반[無餘依涅槃][12]의 세계로 인도해야 한다. 그러나 예를 들어 그와 같이 무수한 중생을 열반으로 인도하였다 하더라도 실은 어떠한 중생도 열반으로 인도된 사람은 없다'라는 생각을 가져야 한다.

그것은 왜냐하면 수부티여, 만약 보살이 중생이라는 생각(관념)을 갖는다면 그는 진실한 보살이라 할 수 없기 때문이

다. 그것은 어째서일까? 수부티여, 만약 그에게 자아(自我)[13]
라는 생각(관념), 또는 중생이라는 생각, 수명(壽命)이라는
생각, 개아(個我)라는 생각이 생긴다면 그는 보살이라 할 수
없기 때문이니라.”

【무착송】 사람들에게 이익을 주어야겠다는 마음이 일
어날 때, 그것은 공덕으로 충만된다. 그 의욕은 네 가
지로서, ① ‘중생계에 속하는 그들 모두를 하나도 남
김없이’에서처럼 광대하며, ② ‘열반의 세계로 인도하
지 않으면 안 되며’에서처럼 최고이며, ③ ‘그러나 실
로 어떠한 중생도 열반으로 인도된 중생은 없다’에서
처럼 극한에 이르며, ④ ‘만일 중생이라는 생각이 생
긴다면 그는 진실한 보살로 불릴 수 없다’에서처럼 전
도되지 않은 것이다. 이와 같은 네 가지 의욕을 일으
키는 것, 이것이 대승의 보살의 삶이다.

제4장 묘행무주분

보살은 어떻게 활동해야 하는가

"또한 수부티여, 보살은 사물에 집착하여 보시를 하여서는 안 된다. 또 그 어느 것에도 집착하여 보시해서는 안 된다. 모양[14]에 집착하여 보시해서도 안 되며, 소리와 향기와 맛과 감촉, 그리고 생각의 대상[法]에 집착하여 보시를 하여서도 안 된다."

【무착송】 여기에서는 보시만 이야기되고 있지만, 사실 보시는 여섯 가지의 완전함[六波羅蜜多][15]을 대표한다. 보시는 재물[財施], 두려움이 없음[無畏施] 그리고 가르침을 베푸는 일[法施]의 셋으로 구별된다. 이 가운데 재물을 베푸는 일이 보시바라밀다이며, 두려움이 없도록 하는 일이 계율과 인내 바라밀다이며, 가르침을 베푸는 일이 정진과 선정, 그리고 지혜 바라밀다이다. 이것이 집착이 없는 실천의 길이다.

집착이 없는 실천은 자기 자신에 대해서도, 그 보답

에 대해서도, 또 선행의 결과에 대해서도 집착하지 않는 것이다. 자신에 대한 집착으로 말미암아 보시를 행하지 않는 일, 그리고 보답을 기대하거나 선행의 결과에 집착함으로써 어떤 목적을 위하여 보시를 행하는 일, 이 두 가지는 하지 않아야 한다.

보살은 어떻게 마음을 닦아야 하는가

"수부티여, 위대한 보살은 이와 같이 '누가, 누구에게, 무엇을'이라는 세 가지 생각(관념)조차 떨쳐버리고 보시해야 한다. 왜 그런가. 수부티여, 보살이 집착 없이 보시를 행한다면 그 공덕은 쌓이고 쌓여 쉽게 헤아릴 수 없는 양이 되기 때문이니라.

수부티여, 그대는 어떻게 생각하는가? 예컨대 동쪽에는 얼마만큼의 많은 양의 허공이 있는가? 그 양을 헤아리는 일은 쉬운가?"

수부티가 대답하였다.

"아닙니다, 세존이시여. 그것은 쉽지 않습니다."

세존께서 말씀하셨다.

"마찬가지로 남쪽 · 서쪽 · 북쪽, 아래 · 위, 사방의 중간, 모두 열 방향[十方]에 있는 허공의 양을 헤아리는 일은 쉬운가?"

수부티가 대답하였다

"아닙니다, 세존이시여. 그것은 쉽지 않습니다."
세존께서 말씀하셨다.
"수부티여, 그와 같이 보살이 집착 없는 보시를 행한다면 그 공덕의 양은 쉽게 헤아릴 수 없다. 수부티여, 실로 이와 같이 보살의 길에 뜻을 둔 사람은 '누가, 누구에게, 무엇을' 이라는 생각조차 없애버리고 보시해야 하느니라."

【무착송】 마음을 닦는 일이란 보시하는 사람〔施者〕과 받는 사람〔受者〕, 그리고 그 물건〔施物〕이라는 대립적인 관계로부터 마음을 차단하는 일이다.

제 5 장 여리실견분

무주상 보시의 가르침

"수부티여, 어떻게 생각하는가? 여래는 서른두 가지[32相]의 특별한 모습[相]¹⁶⁾을 갖춘 분이라고 볼 수 있겠는가?"

수부티가 대답하였다.

"아닙니다, 세존이시여. 여래를 특별한 모습을 갖춘 이로 보아서는 안 됩니다. 왜냐하면 세존이시여, 여래께서 말씀하신 '상(相)을 갖추고 있다'는 것은 곧 '상을 갖추고 있지 않다는 것'이기 때문입니다."

이와 같이 대답하자, 세존께서는 다음과 같이 수부티에게 말씀하셨다.

"수부티여, 무릇 상이 갖추어져 있다면, 그것은 모두 거짓이다. 또 상이 갖추어져 있지 않다면, 그것은 거짓이 아니다. 그러므로 여래는 '상이 없음을 상으로 한다'고 보아야 한다."

【무착송】 보시 등의 공덕으로 말미암아 여래가 인과
론적으로 형성되었다고 잘못 생각하는 것과 공덕의
결과로서 여래가 32상을 성취하였다고 생각하는 것이
여기에서 부정되고 있다. 그것은 태어나 잠시 머무르
고는 이내 소멸하는 것으로, 변천해 감에 지나지 않는
다. 변천함이 없는 이야말로 여래인 것이다. 이와 같
은 생각을 지니고 보시를 행해야 한다.

제6장 정신희유분

역설적인 가르침을 믿을 수 있을까

이러한 세존의 말씀을 듣고 장로 수부티는 다음과 같이 세존께 여쭈었다.

"세존이시여, 장래 다가올 미래세에 올바른 가르침이 인멸되려고 하는 후 500년대[17]가 되었을 때, 이들 경전의 말씀이 이와 같이 설해졌을 경우, 이를 진실이라고 믿는 사람이 있겠습니까?"

그러자 세존께서 말씀하셨다.

"수부티여, 지금 그와 같이 '장래 미래세에 올바른 가르침이 인멸되려고 하는 후 500년대가 되었을 때, 이들 경전의 말씀이 이와 같이 설해졌을 경우, 이를 진실이라고 믿는 사람이 있겠습니까?'라는 식으로 말해서는 안 된다. 수부티여, 장래 미래세에 올바른 가르침이 인멸되려고 하는 후 500년대가 되었을 때에는, 덕을 갖추고 계율을 지키며 지혜가 뛰어난 위대한 보살들이 있어, 이들 경전의 말씀이 이와 같이 설해졌을 경우, 그들은 그것을 진실이라고 믿고 이해할 것이다.”

【무착송】 ‘깨달음의 조건인 집착 없는 보시와, 그 결과인 여래의 삶도 모두 깊고 미묘하다’는 이 가르침은 악이 만연하는 시대에도 사라지거나 없어지지 않는다. 그것은 덕과 계율과 지혜를 갖춘 보살들이 어느 시대에나 존재하기 때문이다.

“수부티여, 또 이들 보살은 오직 한 분의 부처님만을 섬기는 것이 아니며, 오직 한 분의 부처님 아래에서만 공덕의 선근(善根)[18]을 쌓는 것이 아니다. 수부티여, 이 위대한 보살들은 백천의 수많은 부처님을 섬기며, 백천의 수많은 부처님 아래에서 선근을 쌓는 것이다. 그들은 이들 경전의 말씀이 이와 같이 설해졌을 경우, 청정한 일심(一心, 깨끗한 믿음)을 가질 것이다.”

【무착송】 일찍이 여러 부처님 아래에서 학문을 닦으며 부처님을 섬기고, 또 선근을 쌓았기 때문에 그들은 ‘계율을 지키는’ 사람들이며, ‘덕을 갖춘’ 사람들이다.

집착 없는 보시

“수부티여, 여래는 부처님의 지혜로써 그들을 알고 있다.

수부티여, 여래는 부처님의 눈으로써 그들을 바라보고 있다. 수부티여, 여래는 그들을 잘 이해하고 있다. 수부티여, 그들은 모두 헤아릴 수 없는 무수한 공덕을 쌓고, 또 그 결과를 자신의 것으로 하고 있다. 왜 그러한가? 수부티여, 이 위대한 보살들은 자아라는 생각(관념)이 일어나지 않으며, 또 중생이라는 생각도 일어나지 않으며, 수명(壽命, 살아 있다는)이라는 생각도, 개아(個我, 영원한 자기, 즉 자아)라는 생각도 일어나지 않기 때문이다. 수부티여, 또 그들 위대한 보살에게는 물건[法]이라는 생각도 일어나지 않으며, 물건이 아니라는[非法] 생각도 일어나지 않는다. 나아가 수부티여, 그들에게는 생각이라든가 생각이 아니라든가 하는 것도 일어나지 않는다.”

【무착송】‘개아’나 ‘물건’에 대해 ‘생각(관념)’이 배제되어 있기 때문에 그들은 ‘지혜가 뛰어난’ 사람들이다. 그 ‘생각(관념)’은 여덟 가지 의미로 분석된다.

‘자아라는 생각(형이상학적 실체를 가정하는 것)’에도 네 가지가 있다. ① 별개의 존재인 오온(五蘊)[19]을 자아라고 생각하고, ② 존재의 지속성을 중생이라고 생각하며, ③ 목숨이 다할 때까지 지속되는 것을 수명이라 이름짓고, ④ 사후 어떠한 존재[五趣][20]로 다시 태어난다고 하여 개아라는 개념이 생긴 것이다.

‘물건(法)이라는 관념’도 4종류이다. 즉 ① 일체는

무다, ② 무는 진실재이다, 따라서 ③ 그것은 말로 할 수 없는 것이다, ④ 나아가 사실상 그것은 표현될 수 없다. 그러므로 차례로 '물건이라는 관념', '물건이 아니라는 관념', '관념이다', '관념이 아니다' 등 네 가지가 된다.

"왜 그러한가? 수부티여, 만약 그들 위대한 보살에게 물건[法]이라는 생각이 생긴다면, 자아에 대한 집착도 생길 것이다. 또 중생에 대한 집착, 수명에 대한 집착, 개아에 대한 집착도 생길 것이다. 만약 물건이 아니다[非法]라는 생각이 생긴다면, 마찬가지로 그들에게도 자아에 대한 집착, 중생에 대한 집착, 수명에 대한 집착, 개아에 대한 집착이 생길 것이다. 왜 그러한가? 수부티여, 위대한 보살은 가르침[法]에 집착해서는 안 되며, 가르침이 아닌 것[非法]에 집착해서도 안 되기 때문이다."

【무착송】 '덕을 갖추고 계율을 지키는' 그들은, 믿음이 깊어짐에 따라 그것을 '진실이라고 이해한다.' '지혜가 뛰어난' 보살들이 진실이라고 이해하는 것은 문자를 가지고 이해하는 것이 아니다. 즉 '가르침에 집착'하는 것이 아니다. 오히려 그것은 올바로 설해진 것을 파악하는 것이다. 즉 '가르침이 아닌 것에 집착'하지 않는다.

　　부처님은 결과로부터 유추하여 이들 보살의 삶을 아는 것이 아니라, 원에 의해 앎[願知]²¹⁾으로써 바라보는 것이다. 그런데 이를 경전에 기술하고 있는 것은, 덕을 쌓고 계를 지킴으로써 이익을 얻고 남들로부터 존경받고자 하는 욕망을 가진 사람들에게, 자신은 덕이 있다거나 자신은 계를 지킨다는 말을 하지 못하도록 하기 위해서이다.

　　"그러므로 여래께서는 그 숨은 의미를 다음과 같이 말씀하셨다. '법이 뗏목에 비유되고 있는 가르침[法門]²²⁾을 아는 사람은 법조차 버려야 한다. 하물며 법이 아닌 것[非法]은 두말할 나위도 없다'라고."

　　【무착송】 깨달음은 갖가지 가르침[法]에 안주하고 집착하는 것이 아니라, 법에 수순(隨順)하고 법을 따르는 것이다. 그러므로 보살은 법이라는 뗏목을 이용하여 강을 건너지만, 피안에 도달한 다음에는 그 뗏목을 버리듯이 법도 버린다. 이것이 법의 숨겨진 의미이다.

제7장 무득무설분

진실한 부처님의 법

또 세존께서는 장로 수부티에게 이렇게 물으셨다.

"수부티여, 어떻게 생각하는가? 여래께서 이 위없는 올바른 깨달음[無上正等覺]으로써 온전히 깨달으신, 어떠한 법이 있는가? 또 여래께서 가르치신, 어떠한 법이 실제로 있다고 생각하는가?"

이러한 질문을 받고, 장로 수부티는 세존께 다음과 같이 대답하였다.

"세존이시여, 세존께서 말씀하신 의미를 제가 이해한 대로 말씀드리면, 여래께서 이 위없는 올바른 깨달음으로써 온전히 깨달으신, 어떠한 법은 없습니다. 또 여래께서 가르치신, 어떠한 법도 실제로 있지 않습니다. 왜냐하면 여래께서 깨우치시고 가르치셨다고 하는 법은 붙잡을 수도 없고 표현될 수 있는 것도 아니기 때문입니다. 그것은 법도 아니며, 법 아닌 것도 아닙니다. 왜냐하면 성자들은 인과(因果)의 제약을 넘어섰기[無爲] 때문입니다."

【무착송】 화신(化身) 부처님은 참다운 깨우침을 얻은 부처님이 아니다. 화신으로는 어떠한 법도 설해지지 않는다. 그런데도 현재 설해지고 있는 것은 그 법은 법과 비법의 두 양식으로는 '파악되지 않는 것'이며, 표현될 수도 없으며 언어로는 규정되지 않는 것이기 때문이다.

제8장 의법출생분

공덕의 많고 적음

그때 세존께서 물으셨다.

"수부티여, 어떻게 생각하는가? 훌륭한 집안의 아들과 딸들(善男子, 善女子)이 이 삼천대천세계(三千大天世界)[23]를 일곱 가지 보물[24]로 가득 채우고, 올바른 깨달음을 얻은 존경스러운 여러 여래께 보시하였다고 하자. 그러면 그 사람은 그로써 더 많은 공덕을 쌓았다고 하겠는가?"

수부티가 대답하였다.

"세존이시여, 그렇습니다. 선서시여, 그렇습니다. 훌륭한 아들이건 또는 딸이건 그들은 그 일로 인하여 많은 공덕을 쌓게 됩니다. 왜냐하면 세존이시여, 여래께서 말씀하신 공덕의 쌓음, 그것은 진실한 공덕의 쌓음이 아니라고 말씀하셨습니다. 그러므로 여래께서는 '공덕의 쌓음, 공덕의 쌓음'이라고 말씀하시는 것입니다."

그러자 세존께서 말씀하셨다.

"실로 수부티여, 훌륭한 아들이건 또는 딸이건 이 삼천대천세계를 일곱 가지 보물로 가득 채우고, 올바른 깨달음을 얻은 존경스러운 여러 여래께 보시를 하였다고 하자. 그리고 한편으로 이 법문 가운데 네 구절로 이루어진 시[四句偈][25] 한 편만이라도 이해하고 다른 사람들에게 자세하게 설명하였다고 하자. 이 경우 앞의 공덕보다 뒤의 공덕이 훨씬 많은, 헤아릴 수 없는 무수한 공덕을 쌓았다고 할 수 있을 것이다.

왜 그러할까? 수부티여, 올바른 깨달음을 얻은 존경스러운 여러 여래의 저 위없는 올바른 깨달음은 실로 이로부터 생겨난 것이기 때문이다. 또 이로부터 제불세존(諸佛世尊)이 태어났기 때문이다. 그것은 또 왜 그러할까? 수부티여, 부처님의 가르침[佛法], 부처님의 가르침이지만 그것은 실로 부처님의 가르침이 아니라고 여래께서 설하신다. 그러므로 부처님의 가르침이라고 불리기 때문이다."

【무착송】 부처님의 법을 스스로 이해하고 다른 사람에게 설명하는 것이 최고의 공덕을 쌓는 일이다. 보배로 여래께 공양하는 등의 공덕은 깨달음에 도움이 되지 않기 때문에 참된 공덕이 아니다. 그러나 스스로 이해하고 다른 사람에게 설명하는 일은 깨달음에 도움이 되기 때문에 커다란, 헤아릴 수 없는 공덕이 된다.

이 두 가지는 위없는 깨달음으로서의 법신을 낳는

원인이며, 그밖의 불신(佛身, 수용신·변화신)을 낳는
원인이 되므로 최고의 공덕을 이루는 일이 된다.

제9장 일상무주분

성자는 어디에도 머무르지 않는다

"수부티여, 그대는 어떻게 생각하는가? 예류과(預流果)[26]를 성취한 사람에게 '나는 예류과를 성취했다'는 생각이 일어나겠는가?"

수부티가 대답했다.

"아닙니다, 세존이시여. 그러한 일은 없습니다. 예류과를 성취한 사람에게 '나는 예류과를 성취했다'라는 생각이 일어나지 않습니다. 왜냐하면, 세존이시여, 그는 어떠한 법도 얻는 일이 없기 때문입니다. 그러므로 예류자로 불리는 것입니다. 또 그는 모양으로 법을 얻는 일이 없으며, 소리도, 향기도, 맛도, 감촉도, 마음의 대상도 얻는 일이 없습니다. 그러므로 예류자로 불리는 것입니다. 세존이시여, 만약 예류자에게 '나는 예류과를 성취했다'라는 생각이 일어난다면, 그에게는 저 자아에 대한 집착이 일어나며, 중생에 대한 집착, 수명에 대한 집착, 개아에 대한 집착이 일어날 것입니다."

세존께서 다시 물으셨다.

"수부티여, 어떻게 생각하는가? 일래과(一來果)를 성취한 사람에게 '나는 일래과를 성취했다'라는 생각이 일어나겠는가?"

수부티가 대답했다.

"아닙니다, 세존이시여. 그러한 일은 없습니다. 일래자에게 '나는 일래과를 성취했다'라는 생각이 일어나지 않습니다. 왜냐하면, 일래과를 얻었다고 하는, 그 어떠한 법도 존재하지 않기 때문입니다. 그러므로 일래자라고 불리는 것입니다."

또 세존께서 물으셨다.

"수부티여, 어떻게 생각하는가? 불환과(不還果)를 얻은 사람에게 '나는 불환과를 성취했다'라는 생각이 일어나겠는가?"

수부티가 대답했다.

"아닙니다, 세존이시여. 그러한 일은 없습니다. 불환과를 얻은 사람에게 '나는 불환과를 성취했다'라는 생각이 일어나지 않습니다. 왜냐하면, 세존이시여, 불환과를 얻었다고 하는, 어떠한 법도 없기 때문입니다. 그러므로 불환자라고 불리는 것입니다."

세존께서 다시 물으셨다.

"수부티여, 어떻게 생각하는가? 아라한과(阿羅漢果)를 얻은 사람에게 '나는 아라한과를 성취했다'라는 생각이 일어나겠는가?"

수부티가 대답했다.

"아닙니다, 세존이시여, 그러한 일은 없습니다. 아라한에게 '나는 아라한과를 성취했다'라는 생각이 일어나지 않습니다. 왜냐하면, 세존이시여, 아라한이라고 불리는 어떠한 법도 없기 때문입니다. 그러므로 아라한이라고 불리는 것입니다. 세존이시여, 만약 아라한에게 '나는 아라한과를 성취했다'라는 생각이 일어난다면, 그에게는 저 자아에 대한 집착이 일어나며, 중생에 대한 집착, 수명에 대한 집착, 개아에 대한 집착이 일어날 것입니다."

수부티는 번뇌 없이 살아가는 자

장로 수부티는 계속해서 말했다.

"그것은 왜냐하면, 세존이시여, 올바른 깨달음을 얻은 존경스러운 여래께서는 저에게 '번뇌 없이 살아가는〔無諍〕자 가운데 제일인자'라고 하셨습니다. 세존이시여, 저는 욕망을 떠난 아라한입니다. 그러나 저에게는 '나는 아라한이다', 또는 '욕망을 떠나 있다'라는 생각이 일어나지 않습니다.

세존이시여, 만약 저에게 '나는 아라한과를 성취했다'라는 생각이 일어난다면, 여래께서는 저에게 '훌륭한 수부티는 번뇌 없이 살아가는 사람 가운데 제일인자'다, '그는 또 어디에도 얽매이지 않는다', '그러므로 번뇌 없이 살아가는

자’, ‘번뇌 없이 살아가는 자’라고 단정하여 말씀하지 않으
셨을 것입니다.”

【무착송】예류 · 일래 · 불환 · 아라한으로 불리는 네
가지의 성자들은 자신이 도달한 경지에 집착하는 일
이 없다. 그러므로 ‘법은 붙잡을 수도 없고, 표현될 수
도 없는 것’이다. 번뇌와 삼매에 관한 두 가지 장애를
떠나 있기 때문에 수부티는 번뇌와 삼매에 얽매이지
않고 ‘번뇌 없이 살아가는 자’이다.

제 10 장 장엄정토분

법은 붙잡을 수 없는 것

세존께서 말씀하셨다.

"수부티여, 어떻게 생각하는가? 여래가 올바른 깨달음을 얻은 존경스러운 디팡카라여래(燃燈佛)²⁷⁾ 아래에서 어떠한 교법을 얻은 것이 있다고 생각하는가?"

수부티가 대답하였다.

"아닙니다, 세존이시여, 그렇지 않습니다. 올바른 깨달음을 얻은 존경스러운 디팡카라여래 아래에서 여래께서 얻은 교법은 어떠한 것도 있지 않습니다."

【무착송】 실로 세존은 디팡카라부처님 아래에서 언어에 의한 깨우침을 얻은 것이 아니다. 그러므로 깨달음에 있어 '법은 붙잡을 수 없는 것', '표현되지 않는 것'이다.

진실한 불국토장엄

세존께서 말씀하셨다.

"수부티여, 만약 어떤 보살이 '나는 부처님의 국토장엄〔佛國土莊嚴〕을 이룩하리라'[28]라고 말한다면, 그는 거짓을 말하는 것이다. 왜냐하면, 수부티여, 여래는 '국토장엄'이라는 것, 그것은 장엄이 아니라고 설한다. 그러므로 국토장엄이라고 불리는 것이다."

【무착송】 정토(淨土)는 부처님의 앎으로부터 나온 것, 단지 표상으로 존재하는 것〔唯識性〕이다. 그러므로 '국토장엄'은 붙잡을 수 있는 것이 아니다. 그것은 개별적인 형상으로 장식한 것이 아니기 때문에 '장엄이 아닌' 것이다. 그러나 가장 뛰어난 가르침에 의한 장식이기 때문에 '장엄이 아닌' 그것이 바로 '장엄'이라고 불리는 것이다.

수미산의 비유

"그러므로 수부티여, 위대한 보살은 집착이 없는 마음을 일으켜야 한다. 무엇엔가 집착하는 마음을 일으켜서는 안 된다. 모양에 집착하는 마음을 일으켜서는 안 된다. 소리,

향기, 맛, 감촉, 마음의 대상에 집착하는 마음을 일으켜서는
안 된다. 수부티여, 예를 들어 아무런 결함도 없고 거대하여
마치 수메루 산(須彌山)[29]과 같은 몸을 지닌 사람이 있다고
하자. 그러면 수부티여, 그대는 어떻게 생각하느냐? 그의 몸
은 거대하다고 하겠느냐?"

수부티가 대답하였다.

"세존이시여, 그렇습니다. 선서시여, 그의 몸은 거대합니
다. 왜냐하면 세존이시여, 몸이라고 하지만 사실 그것은 몸
이 아니라고 여래께서 말씀하셨습니다. 그러므로 몸이라고
부를 수 있습니다. 실로 세존이시여, 또 그것은 몸도 아니
며, 몸이 아닌 것도 아닙니다. 그러므로 몸으로 불리는 것입
니다."

【무착송】 가장 큰 산(山)인 수메루 산은 자신을 거대
한 산이라고 생각하는 일이 없다. 마찬가지로 부처님
의 수용신에도 자신을 법의 왕이라고 집착하는 일이
없다. 수용신은 번뇌가 흘러나오는 상태(有漏)에 있는
것도 아니며, 형성된 것[有爲]으로 존재하는 것도 아
니기 때문이다.

제11장 무위복승분

공덕의 질적인 차이

세존께서 물으셨다.

"수부티여, 어떻게 생각하는가? 커다란 강인 강가 강(갠지스 강)의 모래알 숫자만큼 강가 강이 있다고 하자. 그 많은 강들에 있는 모래알의 수는 많다고 하겠는가?"

수부티가 대답했다.

"세존이시여, 그 강가 강의 숫자만 하여도 어마어마한 숫자입니다. 하물며 그 많은 강가 강에 있는 모래알의 숫자는 더 말할 나위도 없습니다."

세존께서 말씀하셨다.

"수부티여, 내 그대에게 말하리니, 잘 이해하도록 하라. 여자건 남자건 누구든지 그 많은 강가 강에 있는 모래알의 숫자만큼의 세계를, 일곱 가지 보물로 가득 채워, 올바른 깨달음을 얻은 존경스러운 여러 여래께 공양한다고 하자. 그러면 수부티여, 어떻게 생각하는가? 그 여자나 남자는 이런 일로써 많은 공덕을 쌓게 되는가?"

수부티가 대답했다.

"세존이시여, 그렇습니다. 선서시여, 헤아릴 수 없는 무수한 공덕을 쌓게 됩니다."

다시 세존께서 말씀하셨다.

"그러나 수부티여, 어떤 여자 또는 남자가 그렇게 많은 세계를 일곱 가지 보물로 가득 채워, 이것을 올바른 깨달음을 얻은 존경스러운 여러 여래께 보시한다고 하더라도, 이 법문 가운데 네 구절로 이루어진 시 한 편만이라도 이해하고 이를 다른 사람에게 설명하는 것이 더욱 헤아릴 수 없는 무수한 공덕을 쌓는 것이 될 것이다."

【무착송】 공덕이 많다고 하는 데에도 여러 가지 차이가 있음을 보여주기 위하여, 그리고 앞의 예보다는 후자의 뛰어남을 증명하기 위하여 앞의 제8장과 지금의 경우가 다르다는 관점에서 다시금 공덕이 비유로써 설명되었다.

제12장 존중정교분

뛰어난 공덕으로서의 설법

"또한 수부티여, 어느 곳에서든 이 법문 가운데 예를 들어 네 구절로 이루어진 시 한 편만이라도 이해하고, 이것을 다시 다른 사람에게 설명한다고 하자. 그때 그곳은 신들과 인간과 아수라[30]를 포함한 전세계에 있어 탑묘와 같은 곳이 될 것이다. 하물며 이 법문 모두를 완전히 이해하고 기억[受持]하고 독송하며 또한 다른 사람들에게 자세히 설명한다면, 수부티여, 그러한 사람들은 최고의 축복을 받게 될 것이다. 수부티여, 그 땅에는 스승인 부처님이 계실 것이며, 혹은 스승과 동등한 지식을 갖춘 사람이 있게 될 것이다."

【무착송】 설법이 행해지는 땅과 설법하는 사람, 이 양자가 모두 존경받는 존재로 축복되기 때문에 설법의 공덕은 뛰어난 것이다.

제13장 여법수지분

지혜의 완성 (지혜바라밀)

이러한 말씀을 듣고 장로 수부티는 다음과 같이 세존께
여쭈었다.

"세존이시여, 이 법문의 이름을 무엇이라고 해야 합니까?
또 그것을 어떻게 마음에 지니고 있으면 좋겠습니까?"

이러한 질문을 받고 세존께서는 장로 수부티에게 다음과
같이 말씀하셨다.

"수부티여, 이 법문의 이름은 '지혜의 완성〔般若波羅蜜〕'
이다. 그리고 그와 같이 마음에 지니라. 왜 그러한가? 수부
티여, 여래가 설한 '지혜의 완성'은 곧 완성이 아니라고 여
래는 설한다. 그러므로 '지혜의 완성'이라고 불리는 것이다.
어떻게 생각하는가? 수부티여, 여래가 설한 어떠한 법이 있
다고 생각하는가?"

수부티가 대답하였다.

"세존이시여, 그렇지 않습니다. 여래께서 설하신 법은 그
아무것도 없습니다."

【무착송】 설법은 개인이 인위적으로 만든 것이 아니라, 세계의 진실된 모습인 법계(法界)로부터 자연스럽게 나온 것으로서의 위대함이 있기 때문에 설법의 공덕은 뛰어난 것이다.

삼천대천세계와 같은 티끌

세존께서 말씀하셨다.
"수부티여, 어떻게 생각하는가? 무릇 삼천대천세계에 펼쳐져 있는 대지의 티끌은 많은가?"
수부티가 대답하였다.
"세존이시여, 그것은 많습니다. 선서시여, 대지의 티끌은 많습니다. 왜냐하면 세존이시여, 여래께서 말씀하신 대지의 티끌, 그것은 티끌이 아니라고 여래께서 말씀하셨습니다. 그런 까닭에 대지의 티끌이라고 불리는 것입니다. 그리고 여래께서 말씀하신 이 세계는 세계가 아니라고 여래께서 말씀하셨습니다. 그런 까닭에 세계라고 불리는 것입니다."

【무착송】 일곱 가지 보물의 공양이 티끌의 원인이 된다. 그러나 대지의 티끌과 세계는 번뇌의 원인이 아니다. 더구나 설법은 염오의 원인이 될 수 없기 때문에 그 공덕은 실로 큰 것이다.

모습(相)으로는 여래를 볼 수 없다

세존께서 말씀하셨다.

"수부티여, 어떻게 생각하는가? 올바른 깨달음을 얻은 존경스러운 여래가 32상이라는 대인(大人)의 상으로서 보여지는가?"

수부티가 대답하였다.

"세존이시여, 그렇지 않습니다. 올바른 깨달음을 얻은 존경스러운 여래께서는 서른두 가지의 대인의 상(32상)으로서 보여지는 것이 아닙니다. 왜냐하면 세존이시여, 여래께서 말씀하신 서른두 가지 대인의 상, 그것은 상이 아니라고 여래께서 말씀하셨습니다. 그런 까닭에 서른두 가지 대인의 상이라고 불리는 것입니다."

【무착송】일곱 가지 보물의 공덕보다도 32상의 공덕이 뛰어나며, 그것토다도 설법의 공덕이 더욱 뛰어나다. 이와 같이 차례차례 앞의 것보다 뛰어나므로 결국은 설법의 공덕이 가장 뛰어남을 강조한 것이다.

설법의 공덕이 최고이다

세존께서 말씀하셨다.

　　"실로 수부티여, 여자이건 남자이건 어떤 사람이 매일 강가 강의 모래알 수만큼 자기 자신의 몸을 바쳐 공양한다고 하자. 이와 같이 공양하기를 강가 강의 모래알 수만큼의 겁(劫)[31] 동안을 계속한다고 하자. 그리고 또 어떤 사람이 이 법문 가운데 예를 들어 네 구절로 이루어진 시 한 편만이라도 이해하고 다른 사람에게 설명하여 준다고 하자. 앞의 공덕보다 뒤의 공덕이 헤아릴 수 없는 무수한 공덕을 쌓는 것이 될 것이다."

　　【무착송】 자신을 공양한 결과로서 향유하는 신체는 가장 뛰어난 것이지만, 신명(身命)을 버리는 것은 괴로움으로 가득한 것이기 때문에 그 공덕은 매우 적다. 이에 비해 설법의 공덕은 훨씬 뛰어난 것이다.

제14장 이상적멸분

적멸(寂滅)의 모습

마침내 장로 수부티는 이러한 가르침을 듣고 감격하여 눈물을 흘렸다. 그는 눈물을 닦고 나서 세존께 말씀드렸다.

"세존이시여, 놀라운 일입니다. 선서시여, 참으로 경탄스러운 일입니다. 최상의 길에 들어간 사람들을 위하여, 지고의 길에 들어간 사람들을 위하여[32] 여래께서 이 법문을 설하신 것은.

세존이시여, 그럼으로써 저에게 지혜가 생겼습니다.[33] 세존이시여, 저는 이제껏 이러한 경이로운 법문을 들은 적이 없습니다.[34]

세존이시여, 이 경전에서 설하는 것을 듣고 이것이야말로 진실이라는 생각을 일으키는 보살은 참으로 경이로움을 지닌 사람이 될 것입니다. 왜냐하면 세존이시여, 진실이라는 생각은 진실의 생각이 아니기 때문입니다. 그러므로 여래께서는 진실이라는 생각, 그것에 대해 말씀하시는 것입니다."

【무착송】 수부티가 말하듯이 이 가르침은 얻기 어려운 것, 최고의 의미를 지닌 것이다. 그리고 지혜의 대상은 지혜의 완성으로서의 피안에까지 이르는 것이 아니다. 즉 '지혜의 완성은 완성이 아니기' 때문에, 그리고 '진실이라는 생각을 일으킨다'는 것은 불교에만 있고 다른 곳에는 없는 독자적인 것이기 때문에 설법의 공덕은 실로 크다.

"그러나 세존이시여, 이 법문이 설해질 때, 제가 그것을 완전히 이해하고, 믿는 것은 어려운 일이 아닙니다. 그러나 세존이시여, 장래 먼 훗날 올바른 가르침이 소멸하려는 후 500년(제2 500년)대에 이르러, 어떤 사람들이 이 법문을 이해하고 기억하고 독송하며, 더 나아가 다른 사람에게 자세하게 설명한다면, 그들은 아마 최고의 경이로움을 보이는 사람이 될 것입니다."

생각과 관념의 단절

"또한 세존이시여, 실로 그들에게는 자아라는 생각이 일어나지 않으며, 중생이라는 생각도, 수명이라는 생각도, 개아라는 생각도 일어나지 않을 것입니다. 그리고 그들에게는 '어떤 생각'이라든가 '생각이 아니다'라고 하는 것도 일어나지 않을 것입니다. 왜냐하면 세존이시여, 자아라는 생각(관념)은 생각이 아니며, 중생이라는 생각도 생각이 아니며, 수명이라는 생각도, 개아라는 생각도 생각이 아니기 때문입니다. 왜냐하면 제불 세존께서는 일체의 생각으로부터 벗어나 있기 때문입니다.”

【무착송】 객관적인 측면에서 자아라는 생각은 일어나
지 않으며, 또 주관적인 측면에서도 ‘생각은 생각이
아니다’라고 부정된다. 이와 같이 이 가르침은 밑바닥
까지 이르는 깊은 의미를 지니고 있기 때문에 설법의
공덕은 최고이다.

최고의 완성

이와 같이 말씀드리니 세존께서는 장로 수부티에게 다음과 같이 말씀하셨다.
“그렇다, 수부티여. 이 경전이 설해질 때, 이를 듣고 동요하지 않으며, 두려워하지 않고 공포에 떨어지지 않는 사람들은 최고의 경이로움을 지니고 있는 사람이라고 하지 않을 수 없다. 왜냐하면 수부티여, 이 최고의 완성은 곧 완성이 아니라고 여래가 설하였기 때문이다. 수부티여, 여래로서의 내가 설한 ‘최고의 완성’을 무수한 제불 세존도 설하셨다. 그러므로 ‘최고의 완성’이라고 불리는 것이다.”

【무착송】 최고의 완성을 설하는 이 경은 다른 경전보다도 뛰어나며, 무수한 제불도 그것을 설한다는 점에서는 위대하다. 그러나 그것은 청정한 제불 세존의 뒤를 계승하는 것이다. 그러므로 이 설법의 공덕은 다른 여러 가지 공덕을 뛰어넘는다.

고난의 보살행 (인욕바라밀)

"또한 수부티여, 여래의 인내의 완성〔忍辱波羅蜜多〕은 곧 완성이 아니다. 왜냐하면 수부티여, 일찍이 내가 과거세에 어떤 악한 왕[35]이 나의 두 팔과 두 다리의 살을 도려내었을 때, 그때 나에게는 자아라는 생각, 중생이라는 생각, 수명이라는 생각, 개아라는 생각 그리고 그 어떠한 생각도, 생각이 아니라는 것도 없었다.

수부티여, 그것은 왜 그러한가? 그때 만약 나에게 자아라는 생각이 있었다면 나는 분명 원망하는 생각이 일어났을 것이다. 만약 중생의 생각, 수명의 생각, 개아의 생각이 있었다면, 그때에 나는 분명 원망하는 생각이 일어났을 것이다. 왜냐하면, 수부티여, 나는 다음의 일을 기억한다. 즉 일찍이 과거 오백 세 동안 나는 크샨티바딘[36]이라는 고행자였다. 그때에도 나에게는 자아라는 생각, 중생이라는 생각, 수명이라는 생각, 개아라는 생각이 없었기 때문이다."

【무착송】 어려운 일을 행할 때에도 보살은 그것을 잘 감내한다. 그것은 선이며, 그 공덕은 헤아릴 수 없는 것이기 때문에 '인내의 완성'은 최고의 바라밀이다.

'자아라는 생각'도 없고 악한 왕에 대한 '원망하는 생각'도 없었기 때문에, 고난일지라도 인내하는 것은 괴로운 일이 아니다. 오히려 깨달음을 목표로 하는 이 행은 즐거움을 동반하는 것이지 괴로움의 결과를 가져오는 것이 아니다. 그것은 모든 생각을 떠남으로써 자비의 성격을 지니는 것이기 때문이다.

집착 없는 마음을 일으킴

"그러므로 수부티여, 위대한 보살은 모든 생각(관념)을 없애고 위없는[無上] 올바른 깨달음을 향한 마음을 일으켜야 한다. 모양에 집착하는 마음을 일으켜서는 안 된다. 소리, 향기, 맛, 감촉, 마음의 대상에 집착하는 마음을 일으켜서는 안 된다. 법에 집착하는 마음을 일으켜서는 안 된다. 법이 아닌 것에 집착하는 마음을 일으켜서는 안 된다. 무엇엔가 집착하는 마음을 일으켜서는 안 된다. 왜 그러한가? 집착한다는 것은 곧 집착하지 않는 것이기 때문이다. 그러므로 여래는 '보살은 집착함이 없이 보시를 해야 한다. 모양, 소리, 향기, 맛, 감촉, 마음의 대상에 집착함이 없이 보시를 해야 한다[無住相布施]'고 설하는 것이다."

【무착송】 깨달음을 추구하는 마음을 버리지 않는 것, 그것이 '모든 생각(관념)을 없애는 것이며, 또한 집착함이 없다'고 설하는 것이다. 이것을 실현하기 위해서는 엄격한 노력이 있어야 한다. 즉 인내의 완성(여기에서는 보시)을 성취하기 위하여, 그리고 그 실천수행에서 모든 노력을 다해야 한다.

"또한 수부티여, 보살은 모든 살아 있는 것[衆生]을 위해 이와 같이 보시하고 희사해야 한다. 왜냐하면 수부티여, 중생이라는 생각은 생각이 아니기 때문이다. 이와 같이 여래가 설한 중생도 곧 중생이 아니다."

【무착송】 보살의 실천수행은 그것이 원인이 되어 모든 살아 있는 것을 위한다. 그러나 중생을 위한 일일지라도 그곳에 중생이라는 사물의 모습은 없다[捨離]는 것을 알아야 한다.

여래는 진실만을 말한다

"왜 그러할까? 수부티여, 여래는 진실을 말하며, 여래는 진리를 설하며, 여래는 있는 그대로 말하며, 여래는 거짓 없이 설하기 때문이다. 또 여래는 그릇됨을 말하지 않는다.
또한 수부티여, 여래가 깨달은 법과 교시(敎示)하고 통찰

한 법, 그것에는 진리도 없고 그릇됨도 없다.

수부티여, 예를 들어 어둠 속에 있는 사람은 아무것도 보지 못한다. 그와 같이 사물에 집착하여 보시하는 보살은 아무것도 보지 못하는 자와 같다. 수부티여, 예를 들어 건강한 눈을 가진 사람이라면, 밤이 지나 태양이 떠오를 때 여러 가지의 모양을 볼 것이다. 그와 같이 사물에 집착하지 않고 보시하는 보살은 일체의 진실을 바로 보는 자임을 알아야 한다."

【무착송】 진여는 언제 어느 곳에나 있음에도 불구하고, 집착하는 자는 그것(참모습)을 보지 못하고 깨우치지 못한다. 반대로 집착하지 않는 자는 참모습을 알아 깨우친다.

무지는 어둠과 같고, 앎은 광명과 같다. 이것은 대치(對治)되는 것으로서, 하나는 진실을 얻고 하나는 그것을 잃는다.

앞으로의 가르침에서는 어떻게 수행할 때 어떠한 공덕이 얻어질 것인가, 또 수행에는 어떠한 작용[業]이 있는가 하는 점이 설명될 것이다.

여래는 불지견으로 사물을 관찰한다

"그리고 수부티여, 훌륭한 아들딸로서 이 법문을 스스로

파악하고 독송하고 이해하며, 나아가 다른 사람에게 자세하
게 설명한다고 하자. 수부티여, 여래는 깨달은 사람의 지혜
〔佛知〕로써 그들을 알고 있으며 깨달은 사람의 눈〔佛眼〕으
로써 그들을 바라보고 있다. 또 수부티여, 여래는 깨달은 사
람의 눈으로 그들을 잘 알고 있다. 수부티여, 그들은 헤아릴
수 없는 무수한 공덕을 쌓아 그것을 자신의 것으로 할 것이
다.”

제15장 지경공덕분

강가 강의 모래알 수 같은 공덕

"또 수부티여, 어떤 사람이 아침에는 강가 강의 모래알 수만큼 자신의 몸을 바치고, 낮에도 마찬가지로 강가 강의 모래알 수만큼 자신의 몸을 바치며, 저녁에도 강가 강의 모래알 수만큼 자신의 돔을 바친다고 하자. 이렇게 하여 백천 코티 니유타[37]라는 많은 겁 동안 몸을 바친다고 하더라도 이 법문을 듣고 이를 비방하지 않는 사람이, 앞의 경우보다 헤아릴 수 없는 무수한 공덕을 쌓게 될 것이다. 하물며 이 법문을 베껴쓰고[書寫] 파악하고 기억하고 독송하고 이해하며, 나아가 다른 사람에게 자세하게 설명하는 사람은 두 말할 나위도 없을 것이다."

【무착송】 문자에 관한 수행에는 세 가지가 있다. 즉, ① 가르침을 파악하고 기억하고 수지(受持)하는 것, ② 많은 것을 듣고 독송하는 것, ③ 상세하게 다른 사람에게 들려주는 것이다. 그리고 의미에 관한 수행은

① 다른 사람으로부터 설법을 들음으로써, ② 스스로 그것을 사색함으로써, ③ 그리고 문(聞)·사(思)의 두 지혜로써 수(修)의 지혜[38]를 얻는 것이다.

이상은 스스로를 성숙시키는 것, 즉 자리행(自利行)이지만, 한편으로는 설법 등에 의해 다른 사람들을 성숙시키는 일, 즉 이타행(利他行)이 있다. 이러한 수행의 경우 그 대상도 시간도 광대하기 때문에 그 공덕은 일곱 가지 보물로 공양한 공덕보다 훨씬 뛰어나다.

부사의한 공덕의 작용

"그리고 수부티여, 이 법문은 사의할 수도 없는 것〔不可思議〕이며, 비교할 수도 없는 것이다. 또한 수부티여, 이 법문은 최상의 도에 들어간 사람들을 위해, 지고의 도에 들어간 사람들을 위해 여래는 설한 것이다. 또 이 법문을 스스로 파악하고 기억하고 독송하고 이해하고, 나아가 다른 사람들에게 자세히 설명한다면, 수부티여, 여래는 그들을 깨달은 사람의 지혜로써 알며, 여래는 그들을 깨달은 사람의 눈으로써 바라본다. 그들은 여래에게 잘 알려져 있는 것이다. 수부티여, 그들은 누구나 헤아릴 수 없는 무수한 공덕을 쌓는 사람들이다. 사의할 수도 없고, 비교할 수도 없으며, 헤아릴 수도 없는 무량한 공덕을 쌓는 사람들이다. 수부티여, 이들은 모두 깨달음을 그 어깨에 걸머멘 사람들이다.

왜 그러한가? 수부티여, 하열한 가르침에 믿음을 가진 사
람들은 이러한 법문을 듣지 못했기 때문이다. 또 자아를 실
재시하는 것, 중생을 실재시하는 것, 수명을 실재시하는 것,
개아를 실재시하는 것도 이 법문을 듣지 못했기 때문이다.
또 보살의 서원을 세우지 않는 사람은 이 법문을 듣는 일도
파악하는 일도 기억하는 일도 독송하는 일도 이해하는 일도
불가능하다. 그러한 일은 없는 것이다.

또한 수부티여, 실로 어느 곳이든 이 경전이 설해지는 곳
이 있다면, 그곳은 신들과 인간과 아수라를 포함하여 전세
계에서 공양을 올려야 할 곳이 된다. 그곳은 예배를 드려야
할 곳, 우요(右繞)[39]되어야 할 곳이 된다. 그곳은 탑묘와 같
은 곳이 될 것이다.”

【무착송】 이 법문은 '사의될 수 없는 것', 즉 일반적인
앎의 대상이 아니라, '비교를 뛰어넘은 것'이기 때문
에 대승의 독자적인 것이다. 그럼으로써 '지고의 도에
들어간' 위대한 인격이 의지하는 바이며, '하열한 가
르침에 믿음을 가진 사람들(소승)'에게는 들려주기가
곤란하다. 그럼에도 불구하고 '무량한 공덕을 쌓는'
요인을 가장 잘 성장시키는 것이다.

'어깨에 걸머멘다'는 것은 올바른 가르침〔正法〕을
유지하는 것이며, 법을 설함으로써 그곳은 향기가 가
득하고 꽃이 무성한 곳이 된다.

제 16 장 능정업장분

전생의 업장을 씻어냄

"그러나 수부티여, 훌륭한 아들딸들이 이 경전을 스스로 파악하고 기억하고 독송하고 이해하며, 나아가 근본적으로 고찰[如理作意]하여 다른 사람들에게 자세하게 설명할지라도, 그들은 천대받고 경멸당하게 될 것이다. 그것은 어째서인가? 수부티여, 그 사람들은 전생에서부터 악취(惡趣)[40]에 태어나는 요인이 되는 갖가지 악업을 지었으나 현세에서 천대받음으로써 비로소 전생의 갖가지 악업에서 벗어나 불타(佛陀)의 깨달음을 얻을 수 있기 때문이다.

또한 그 이유는 수부티여, 나는 다음과 같은 점이 생각나기 때문이다. 아주 오랜 옛날, 올바른 깨달음을 얻은 존경스러운 디팡카라여래 훨씬 이전에, 백천 코티 니유타의 84배가 되는 부처님이 계셨다. 나는 이 부처님들을 공양하여 기쁘게 해드리며 거역하는 일이 없었다.

수부티여, 이처럼 나는 많은 부처님을 기쁘게 해드리고 한 번도 거역하는 일이 없었지만, 후세에 올바른 가르침이 인멸하려고 하는 후 500년대가 되어서 이 경전을 기억하고 독송하며 더 나아가 다른 사람들에게 자세히 설명하는 사람이 있다고 하자. 수부티여, 실로 전자의 공덕은 후자의 공덕의 백분의 일에도 미치지 못한다. 천분의 일에도, 백천분의 일에도, 백 코티분의 일에도, 백천 코티분의 일에도, 백천 코티 니유타분의 일에도 미치지 못한다. 숫자로도 구분으로도 계산으로도 비유로도 비교로도 비슷함으로도 견줄 수 없는 것이다.

또 수부티여, 만약 훌륭한 아들딸들이 어느 정도 공덕을 쌓았으며, 또 그것을 어느 정도 자신의 것으로 하였는가에 대하여 내가 설명한다면, 그 사람들은 내 말을 듣고 실망한 나머지 기분이 이상하고 마음이 미친 듯 어지러워질 것이다. 그러나 실로 수부티여, 여래께서 이 법문은 사의할 수 없는 것이라고 설하셨으며 그 과보 또한 사의할 수 없이 많다는 점을 예상하여야 한다."

【무착송】 사람들에게 '경멸당함'으로써 모든 장애가 정화되고, 과거의 제불을 섬기는 공덕으로 말미암아 빠르게 신통성을 얻는 경우가 있다.
　　또한 '과보도 사의를 뛰어넘는 것'이므로, 여러 가지의 세간적 번영이라는 큰 과보도 예상된다. 이러한 점들이 가르침을 수행하여 생기는 작용이다.

제 17 장 구경무아분

다시 보살의 삶과 실천, 마음의 훈련

그때 장로 수부티는 세존께 다음과 같이 말씀드렸다.

"세존이시여, 이미 보살의 길로 나아간 사람은 어떻게 살아야 하며, 어떻게 실천해야 하며, 어떻게 마음을 훈련해야 합니까?"

세존께서 말씀하셨다.

"수부티여, 이미 보살의 길로 나아간 사람은 나는 모든 중생을 번뇌가 남김없이 멸진된 열반의 세계로 인도해야 한다고 생각하여야 한다. 그러나 설사 많은 중생을 열반으로 인도하였다 하더라도 어떠한 중생도 열반으로 인도된 중생은 없다라고 생각하여야 한다. 왜냐하면 수부티여, 만약 보살에 중생이라는 관념이 일어난다면, 그는 보살이라 불릴 수 없기 때문이다. 수명이라는 관념, 개아라는 관념이 일어난다면 그는 보살이라 불릴 수 없기 때문이다. 왜 그러한가? 수부티여, 실은 보살의 길로 나아갔다고 하는 것은 그 어떤 것도 존재하지 않기 때문이다."

【무착송】각자 스스로 수행을 할 때, '나는 보살이다'
라는 생각이 일어난다면, 그것은 '집착 없는 마음',
'진실한 보살'이 아니기 때문이다.

"수부티여, 어떻게 생각하는가? 여래가 디팡카라여래 아
래에서 이 위없는 올바른 깨달음으로써 깨달은 바의 어떠한
법이 있는가?"
　이러한 질문을 받고 장로 수부티는 세존께 다음과 같이
말씀드렸다.
　"세존이시여, 세존께서 하신 말씀의 뜻을 제가 이해한 대
로 말씀드리겠습니다. 세존이시여, 올바른 깨달음을 얻은
존경스러운 디팡카라여래 아래에서, 세존께서 위없는 올바
른 깨달음을 깨달았다고 하는 법은 아무것도 없습니다."
　이 말을 듣고 세존께서는 장로 수부티에게 다음과 같이
말씀하셨다.
　"그렇다, 수부티여. 바로 그러하다, 수부티여. 올바른 깨
달음을 얻은 존경스러운 디팡카라여래 아래에서, 위없는 올
바른 깨달음으로써 깨달은 법은 아무것도 존재하지 않는다.
수부티여, 만약 여래가 무엇인가 깨달은 법이 있다면, 디팡
카라여래는 나에게 '젊은이여, 그대는 후세에 석가모니(釋迦
牟尼)라는 이름의 올바른 깨달음을 얻은 존경스러운 여래가
될 것이다'라는 예언을 하지 않으셨을 것이다.
　그러나 실로 수부티여, 올바른 깨달음을 얻은 존경스러운

여래인 내가 어떠한 법도 이 위없는 올바른 깨달음으로 그때 깨달은 것이 없기 때문에, 나는 '젊은이여, 그대는 후세에 석가모니라는 이름의 올바른 깨달음을 얻은 존경스러운 여래가 될 것이다'라는 예언을 디팡카라여래로부터 받은 것이다.

어째서 그러한가? 수부티여, 여래는 실재(實在)인 진여(眞如)의 다른 이름이기 때문이다. 수부티여, 여래는 불생(不生)인 법성(法性)의 다른 이름이다. 수부티여, 여래는 존재가 단절됨의 다른 이름이다. 수부티여, 여래는 궁극적으로 생하지 않음의 다른 이름이다. 왜냐하면 최고의 진리는 곧 불생이기 때문이다."41)

【무착송】 후에 깨달음을 얻을 것으로 예언되었으므로, 디팡카라여래 아래에서의 여래의 행(行)은 최고는 아니었다. 그러므로 '보살의 길로 나아갔다고 하는 바의 것은 아무것도 없다'고 한다.

"수부티여, 만약 누군가가 '올바른 깨달음을 얻은 존경스러운 여래가 이 위없는 올바른 깨달음을 실제로 깨달았다'고 말한다면, 그는 거짓을 말하고 있는 것이다. 수부티여, 그는 진실이 아닌 것에 집착하여 나를 비방하고 있는 것이다. 어째서 그러한가? 수부티여, 여래가 이 위없는 올바른 깨달음을 깨우쳤다고 하는 바의 법은 아무것도 존재하지 않는다. 또한 수부티여, 여래가 깨달았거나 또는 설하는 바의 법에는 진리도 없고 허위도 없기 때문이다. 그러므로 '모든 법(法, 사물)은 불타의 법(法, 본질)'이라고 여래는 설하는 것이다. 왜냐하면 수브티여, '일체법은 법이 아니'라고 여래는 설하였다. 그러므로 '모든 법은 불타의 법'이라고 하는 것이다."

【무착송】 무엇을 깨달았다고 하는 바의 깨달음은 '진리'가 아니다. 모두 인과적으로 형성된 것이라는 성질을 갖기 때문이다.

몸이 큰 사람의 비유

"수부티여, 예를 들어 결함이 없는 몸, 거대한 몸을 지닌 사람이 있다고 하자."
장로 수부티는 대답하였다.
"세존이시여, 여래께서는 결함이 없는 몸, 거대한 몸을 지닌 사람이라고 말씀하시지만, 세존이시여, 그 사람은 실은 몸을 지닌 사람이 아니라고 여래께서는 말씀하셨습니다. 그러므로 결함이 없는 몸, 거대한 몸이라고 불리는 것입니다."

【무착송】 법신을 말하는 것으로 부처님이 결함이 없

고 거대한 몸을 지닌 사람에 비유되고 있다. 왜냐하면 불타의 법신은 번뇌장(煩惱障)과 소지장(所知障)의 장애가 없는, 즉 '결함이 없는 몸'을 갖추고 모든 장소에 두루 계시기 때문이다.

또 광대하기 때문에 참으로 '거대한 몸'이다. 또한 그것은 존재하지 않는 몸의 존재이기 때문에 '몸을 지닌 사람이 아니'라고 한다.

철저한 공의 가르침

세존께서 말씀하셨다.

"그와 같다, 수부티여. 어떤 보살이 '나는 모든 중생을 완전히 열반으로 인도하리라' 하고 말한다면, 그는 보살이 아니라고 보아야 한다. 왜 그러한가? 수부티여, 도대체 깨달음을 추구하는 보살로 불릴 그 무엇이 있는 것인가?"

수부티가 대답하였다.

"아닙니다, 세존이시여. 깨달음을 추구하는 보살로 불릴 그 무엇은 없습니다."

세존께서 말씀하셨다.

"수부티여, 깨달음을 추구하는 중생, 깨달음을 추구하는 중생이라는 것, 그것은 중생이 아니라고 여래는 말하며, 그러므로 중생이라고 불리기 때문이다. 따라서 여래는 '모든 법에는 자아가 없으며, 중생이 없으며, 수명이 없으며, 개아가 없다'고 설한다.

수부티여, 어떤 보살이 '나는 불국토의 광명을 완성하리라' 하고 말한다면, 그도 보살이 아니라고 해야 한다. 왜냐하면 수부티여, 불국토의 광명, 불국토의 광명이라는 것, 그것은 광명이 아니라고 여래는 설하며, 그러므로 불국토의 광명으로 불리기 때문이다.

수부티여, 만약 보살이 '법에는 자아가 없다, 법에는 자아가 없다'고 믿고 이해한다면, 올바른 깨달음을 얻은 존경스러운 여래는 그를 보살, 위대한 중생이라고 칭한다.”

【무착송】 법계[42]의 진실된 모습을 알지 못한 채 중생을 열반으로 인도한다고 생각하거나 불국토를 청정케한다고 생각한다면, 그것은 착각에 지나지 않는다. 그러한 사람은 보살일 수 없다.

중생, 보살의 법이 모두가 실체가 없다고 깨닫거나 '믿고 이해한다'면, 그는 단지 믿음만을 지닌 범부이건, 또는 성자로서 스스로 깨우친 사람이건 모두 지혜를 지닌 자, 즉 보살이라 불린다.

제18장 일체동관분

일체의 부정, 모든 것은 공(空)

세존께서 말씀하셨다.

"수부티여, 어떻게 생각하는가? 여래에게는 육안(肉眼)이 있는가?"

수부티가 대답하였다.

"세존이시여, 그렇습니다. 여래께는 육안이 있습니다."

세존께서 말씀하셨다.

"수부티여, 어떻게 생각하는가? 여래에게는 천안(天眼)이 있는가?"

수부티가 대답하였다.

"세존이시여, 그렇습니다. 여래께는 천안이 있습니다."

세존께서 말씀하셨다.

"수부티여, 어떻게 생각하는가? 여래에게는 지혜의 눈[慧眼]이 있는가?"

수부티가 대답하였다.

"세존이시여, 그렇습니다. 여래께는 지혜의 눈이 있습니다."

세존께서 말씀하셨다.

"수부티여, 어떻게 생각하는가? 여래에게는 법의 참된 모습을 보는 눈[法眼]이 있는가?"

수부티가 대답하였다.

"세존이시여, 그렇습니다. 여래께는 법의 참된 모습을 보는 눈이 있습니다."

세존께서 말씀하셨다.

"수부티여, 어떻게 생각하는가? 여래에게는 깨달은 사람의 눈[佛眼]이 있는가?"

수부티가 대답하였다.

"세존이시여, 그렇습니다. 여래께는 깨달은 사람의 눈이 있습니다."

세존께서 말씀하셨다.

"수부티여, 어떻게 생각하는가? 강가 강에 있는 많은 모래, 여래는 그 모래에 대해 설하였는가?"

수부티가 대답하였다.

"세존이시여, 그렇습니다. 선서시여, 그렇습니다. 여래께서는 그 모래에 대해 말씀하셨습니다."

세존께서 말씀하셨다.

"수부티여, 어떻게 생각하는가? 강가 강의 모래알 수만큼 강가 강이 있으며, 그 모든 강에 있는 모래알 수만큼 세계가 있다고 하자. 그 세계의 수는 얼마나 많은가?"

수부티가 대답하였다.

"세존이시여, 그렇습니다. 선서시여, 그렇습니다. 그들 세계는 무수히 많습니다."

세존께서 말씀하셨다.

"수부티여, 그들 세계에 있는 모든 중생의 갖가지 마음의 흐름[43]을 나는 안다. 왜 그러한가? 수부티여, 마음의 흐름, 마음의 흐름이라는 것, 그것은 흐름이 아니라고 여래는 설한다. 그러므로 마음의 흐름으로 불리는 것이다. 그것은 또 왜 그러한가? 수부티여, 과거의 마음도 잡을 수 없고[過去心不可得], 미래의 마음도 잡을 수 없으며[未來心不可得], 현재의 마음도 잡을 수 없기 때문이다[現在心不可得]."

제19장 법계동관분

공덕의 발견

"수부티여, 어떻게 생각하는가? 훌륭한 아들딸로서 이 삼천대천세계를 일곱 가지 보물로 가득 채워, 올바른 깨달음을 얻은 존경스러운 여러 여래께 보시하는 사람이 있다고 하자. 그러면 그 사람은 그렇게 함으로써 많은 공덕을 쌓게 되는가?"

수부티가 대답하였다.

"세존이시여, 그렇습니다. 선서시여, 그 공덕은 많습니다."

세존께서 말씀하셨다.

"바로 그러하다, 수부티여. 훌륭한 아들딸이 그렇게 함으로써 그들은 많은 공덕을 쌓게 될 것이다. 왜냐하면 수부티여, 공덕을 쌓는 것, 공덕을 쌓는다는 것 그것은 쌓는 것이 아니라고 여래께서는 설하며, 그러므로 공덕을 쌓는다고 하기 때문이다. 수부티여, 만약 '공덕의 쌓임'이라는 것이 있다면, 여래는 '공덕을 쌓는다'라는 말을 하지 않았을 것이다.”

【무착송】 공덕이 올바른 앎의 기반이 된다는 점에서
공덕에 과오가 없음을 알아야 한다. 그러므로 공덕의
원인으로서의 의미를 설명하기 위하여 다시 공덕의
비유를 들고 있다.

제 20 장 이색이상분

부처님의 32상은 존재하는가

"수부티여, 어떻게 생각하는가? 여래를 물질적인 몸[色身]을 온전히 갖추고 있는 존재로 보아야 하는가?"

수부티가 대답하였다.

"아닙니다, 세존이시여. 그렇지 않습니다. 여래를 물질적인 몸을 온전히 갖추고 있는 분으로 보아서는 안 됩니다. 왜냐하면 세존이시여, 물질적인 몸의 온전한 갖춤, 물질적인 몸의 온전한 갖춤이라는 것 그것은 온전한 갖춤이 아니라고 여래께서 설하셨으며, 그러므로 물질적인 몸의 온전한 갖춤이라고 불리기 때문입니다."

세존께서 물으셨다.

"수부티여, 어떻게 생각하는가? 여래를 32상을 구족하고 있는 존재로 보아야 하는가?"

수부티가 대답하였다.

"세존이시여, 그렇지 않습니다. 여래를 32상을 구족하고 있는 분으로 보아서는 안 됩니다. 왜냐하면 세존이시여, 여래께서 말씀하신 상의 구족, 그것은 상의 구족이 아니라고

여래께서 말씀하셨으며, 그러므로 상의 구족이라고 불리기
때문입니다.”

【무착송】 법신의 완성이 여래의 특징인 80종호(種好)
의 완성을 말하는 것은 아니다. 또한 중요한 특징인
32상을 구족하는 것도 아니다. 그 이유는 법신이란 몸
이 있는 것이 아니기 때문이다.
　　그러나 32상과 80종호의 온전한 갖춤, 이 두 가지
는 여래에게는 없어서는 아니 된다. 그 이유는 32상과
80종호가 법신을 떠나서는 존재할 수 없기 때문이다.
경에는 ‘구족’, ‘온전히 갖춤’이라고 하여 구비한다는
말이 두 번 언급되고 있는데, 이 둘은 이와 같이 없는
것이면서 동시에 있는 것이다.

제21장 비설소설분

부처님의 설법은 무위(無爲)

세존께서 말씀하셨다.

"수부티여, 어떻게 생각하는가? '나는 법을 설한다'고 여래는 생각하겠는가?"

수부티가 대답하였다.

"세존이시여, 그러한 일은 없습니다. 여래께서 '나는 법을 설한다'고 생각하시는 일은 없습니다."

세존께서 말씀하셨다.

"수부티여, 누군가가 '여래는 법을 설하셨다'고 말한다면, 그는 거짓을 말하고 있는 것이다. 그는 진실이 아닌 것에 집착하여 나를 비방하고 있는 것이다. 왜냐하면 수부티여, 설법, 설법이라고는 하지만, 설법으로 불리고 또 그렇게 인정될 수 있는 것은 아무것도 존재하지 않기 때문이다."

【무착송】 부처님에게는 설법 또한 존재하지 않는다.
문자와 그 의미라는 관점에서 설법은 단지 방편에 불

과하다. 부처님의 몸이 법신을 떠나 존재하지 않는 것
처럼, 설법 또한 법계를 떠나 존재하지 않는다. 그런
까닭에 전혀 없는 것도 아니지만, 그렇다고 존재하는
것도 아니다.

부처님도 설법도 존재하지 않는 진리

이러한 말씀을 듣고 장로 수부티는 세존께 다음과 같이
여쭈었다.
"세존이시여, 장래 후세에 올바른 가르침이 소멸하려는
후 500년대에 이르러, 이와 같이 이해하기 어려운 법을 듣
고 누군가가 그것을 믿는 중생이 있겠습니까?"
세존께서 말씀하셨다.
"수부티여, 그들은 중생도 아니며, 중생이 아닌 것도 아
니다. 왜냐하면 수부티여, 중생, 중생이라고 하지만, 그들은
모두 중생이 아니라고 여래는 설하시며, 그러므로 중생으로
불리기 때문이다."

【무착송】 설해진 내용[法]과 설하는 사람[說法者] 모
두가 존재하지 않는다는 이 깊은 의미를 믿을 수 있는
사람이 후세에도 전혀 없는 것은 아니다. 다만 그들은
'중생도 아니며, 중생이 아닌 것도 아니다'. 또 그들은
아직 성자는 아니지만 늘 성자의 성질을 갖추고 있다.

제 22 장 무법가득분

위없는 깨달음

"수부티여, 다음과 같은 일을 어떻게 생각하는가? 여래가 이 위없는 올바른 깨달음을 깨우쳤다고 하는 바의 어떠한 법이 과연 있는가?"

장로 수부티가 대답하였다.

"세존이시여, 그렇지 않습니다. 세존이시여, 여래께서 이 위없는 올바른 깨달음을 깨우치셨다고 하는 바의 법은 아무것도 없습니다."

세존께서 말씀하셨다.

"그렇다, 수부티여. 바로 그러하다, 수부티여. 거기에는 법이 티끌만큼도 있지 아니하며, 인식되지도 않는다. 그러므로 이 위없는 올바른 깨달음으로 불리는 것이다."

제 23 장 정심행선분

선법 (善法)

"또한 수부티여, 그 법은 실로 평등하여 어떠한 차별도 없다. 그러므로 '위없는 올바른 깨달음'이라고 하는 것이다. 자아도 없고, 중생도 없고, 수명도 없고, 개아도 없으므로 이 위없는 올바른 깨달음은 평등한 것이며, 그것이 일체의 선한 법에 의해 깨우쳐지는 것이다. 왜냐하면 수부티여, 선한 법, 선한 법이라는 것 그것은 법이 아니라고 여래는 설하며, 그러므로 선한 법으로 불리기 때문이다."

제24장 복지무비분

사구게(四句偈)의 공덕

"또한 수부티여, 만일 훌륭한 아들이나 딸이 이 삼천대천 세계의 모든 신 가운데 왕(王)인 수메루(수미산) 산처럼 일곱 가지 보물을 쌓아 지니고 그것을 올바른 깨달음을 얻은 존경스러운 여러 여래께 공양한다고 하자. 또 훌륭한 아들이나 딸이 이 '지혜의 완성'이라는 법문에서, 예를 들어 네 구절로 이루어진 시 한 편만이라도 파악하고 이를 다른 사람에게 설명한다고 하자. 수부티여, 이 경우 전자의 공덕은 후자의 공덕에 비해 백분의 일에도 미치지 못하며, 비교할 수도 없는 것이다."

【무착송】 법을 설하는 것은 선도 아니고 악도 아닌 무기(無記)이다. 하지만 그것은 깨달음을 얻기 위한 것이다. 또한 단순히 선도 악도 아닌 무기라고 하는 것은 정확하지 않다. 오히려 그것은 그로 말미암아 유일한 보(寶), 즉 법의 보배로서 다른 무수한 세간적인 어

떤 보배보다 그 공덕은 뛰어나다.

　곧 수량에 있어서도, 위력에 있어서도, 종류의 차이에 있어서도, 인과의 연관에서도, 법보의 공덕은 뛰어나다. 이러한 점에서 모든 세간적인 사물 가운데 이와 비교될 수 있는 것은 아무것도 없다.

제25장 화무소화분

여래는 한 중생도 해탈케 하지 않았다

"수부티여, 어떻게 생각하는가? 과연 여래는 '나는 중생을 해탈케 했다'는 생각이 있는가? 실로 수부티여, 결코 그와 같이 보아서는 안 된다. 왜냐하면 수부티여, 여래에 의해 해탈된 중생은 아무도 없기 때문이다. 수부티여, 만약 여래가 해탈케 한 중생이 하나라도 있다면, 여래에게는 자아에 대한 집착이 있는 것이 될 것이다. 중생에 대한 집착, 수명에 대한 집착, 개아에 대한 집착도 있게 될 것이다. 수부티여, 여래는 자아에 대한 집착, 그것은 집착이 아니라고 설한다. 어리석은 범부들은 도리에 어긋나게 집착하고 있는 것이다. 수부티여, 여래는 어리석은 범부, 그것은 어리석은 범부가 아니라고 설한다. 그러므로 어리석은 범부로 불리는 것이다."

【무착송】 법계에서 일체는 평등하다. 그리고 오온(五蘊)은 그 위에 방편으로 구성된 중생이라는 명칭과 더

불어 법계 바깥에 있는 것이 아니다. 그러므로 부처님에 의해 중생이 해탈되는 것은 아니다.

'자아에 대한 집착[我執]'이라는 것과 오온의 법에 대한 집착[法執]은 모두 그릇된 것이다. 나에 의해 구제된 중생이 있다고 집착할 때, 이는 오히려 집착해서는 안 될 것에 대한 집착이 생기는 것이다.

제 26 장 법신비상분

법신에는 상호(相好)가 없는 것

"수부티여, 어떻게 생각하는가? 여래는 32상을 갖춘 존재로 보아야 하는가?"

수부티가 대답하였다.

"세존이시여, 그렇지 않습니다. 제가 세존의 말씀을 이해하는 한 여래는 상을 갖춘 분으로 보아서는 안 됩니다."

세존께서 말씀하셨다.

"훌륭하다, 훌륭하다, 수부티여. 바로 네가 말한 대로이다. 여래를 상을 갖춘 존재로 보아서는 안 된다. 왜냐하면 수부티여, 만약 여래를 상을 갖춘 존재로 본다면, 전륜왕(轉輪王)[44] 또한 여래가 될 수 있을 것이다. 그러므로 여래를 상을 갖춘 존재로 보아서는 안 되는 것이다."

장로 수부티는 세존께 다음과 같이 말씀드렸다.

"세존께서 말씀하신 것을 제가 이해하는 한, 여래는 상을 갖춘 분으로 보아서는 안 됩니다."

【무착송】 법신 여래가 모양을 지닌 색신(色身)에 의해 추측되어서는 안 된다. 왜냐하면 '전륜왕도 32상을 갖추고 있지만 그는 여래'가 될 수 없기 때문이다.

　부족함이 없는 덕을 갖추고 있을 때 상호라는 결과를 가져오지만, 그렇다고 단순히 상호에 의해 법신이 획득될 수는 없는 것이다.

그때 세존께서는 다음의 두 시를 읊으셨다.

　모양으로써 나를 보는 자(若以色見我),
　소리로써 나를 찾는 자(以音聲求我),
　그들은 잘못된 노력에 빠져 있는 자(是人行邪道),
　그들은 나를 보지 못하리(不能見如來).

　부처님은 법으로 보여져야 하며,
　또한 세간을 인도하는 분은 법을 몸으로 하는 분.
　그러나 법의 본질(法性)은 알려지지 않으며,
　인식하는 것도 불가능하리.

제 27 장 무단무멸분

보살에게는 소멸도 단절도 없다

"수부티여, 어떻게 생각하는가? 여래가 상호를 갖춤으로써 이 위없는 올바른 깨달음을 깨우치는가? 그러나 수부티여, 그대는 이와 같이 생각해서는 안 된다. 왜냐하면 수부티여, 상호를 갖춤으로써 여래가 이 위없는 올바른 깨달음을 깨우치는 일은 없기 때문이다.

또한 수부티여, 누군가가 '보살의 길로 들어선 사람은 세간적인 공덕이나 과보 등 그 어떠한 법도 소멸시키고 또 단멸시키고자 한다'고 그대에게 말할지도 모른다. 그러나 수부티여, 그대는 그와 같이 생각해서는 안 된다. 왜냐하면 보살의 길로 들어선 사람은 그 어떠한 법일지라도 그것을 소멸 또는 단멸시키고자 하지 않기 때문이다."

제 28 장 불수불탐분

탐욕 없는 보살행

"그리고 수부티여, 훌륭한 아들딸이 강가 강의 모래알만큼 수많은 세계를 일곱 가지 보물로 가득 채우고, 이것을 올바른 깨달음을 얻은 존경스러운 여러 여래께 공양한다고 하자. 그리고 한편으로는 어떤 보살이 제법(諸法)에는 자아가 없고 생기하는 일도 없음을 아는 지혜[無生法印]를 얻었다고 하자. 이 둘 가운데 후자야말로 전자보다 훨씬 많은, 헤아릴 수 없는 무수한 공덕을 쌓게 될 것이다. 그러나 수부티여, 위대한 보살은 공덕을 쌓음을 받아들여서는 안 된다."

장로 수부티가 여쭈었다.

"세존이시여, 보살은 공덕의 쌓음을 진정 받아들여서는 안 되는 것입니까?"

세존께서 말씀하셨다.

"그렇지 않다. 수부티여, 받아들여야 한다. 그러나 집착하여 붙잡아서는 안 된다. 그러므로 받아들여서는 안 된다고 하는 것이다."

【무착송】 실로 공덕은 소멸되는 일이 없으며, 단멸되는 일도 없다. 무생법인의 지혜가 획득될 때에도 공덕과 결과는 단절되는 일이 없다. 무구(無垢)가 획득되었기 때문이다.

그러므로 공덕의 본질을 밝히기 위해 다시금 공덕의 비유가 이야기되고 있다. 그 공덕에는 과보가 없다. 즉 번뇌를 가져오는 일이 없다. 따라서 공덕은 '받아들이는 것'이지, '집착하여 붙잡는 것'이 아니다.

제29장 위의적정분

여래는 가고 옴이 없다

"또 수부티여, 어떤 사람이 '여래는 가고 오고, 서고 앉고
또 눕는다'라고 말할지도 모른다. 그러나 수부티여, 그는 내
가 말한 의미를 이해하지 못하고 있다. 왜냐하면 수부티여,
여래는 어디론가 가버린 자도 아니며, 어디로부터 온 자도
아니기 때문이다. 그러므로 올바른 깨달음을 얻은 존경스러
운 여래로 불리는 것이다."

【무착송】 모든 부처님은 화신(化身)이 있어 중생을 인
도한다. 이러한 활동을 어디에서나 그리고 특별한 노
력도 없이 자연스럽게 행한다.
　　화신의 경우에는 '가는' 일이 있지만, 법신은 영겁
동안 부동(不動)이다. 이 화신은 법계에서는 동일하게
존속하는 것도, 변화하는 것도 아니라고 생각하여야
한다.

제 30 장 일합이상분

무수한 부처님의 몸 [佛身]

"또 수부티여, 훌륭한 아들딸이 삼천대천세계에 있는 모든 대지의 티끌 수와 같은 세계를 헤아릴 수 없는 노력으로 부수어, 예를 들어 원자[極微]의 집합이라고 할 만한 가루로 만들었다고 하자. 수부티여, 이 원자의 집합은 많겠는가?"

수부티가 대답하였다.

"세존이시여, 그렇습니다. 선서시여, 그렇습니다. 그 원자의 집합은 많습니다. 왜냐하면 세존이시여, 만약 많은 원자의 집합이 있다고 한다면, 세존께서는 원자의 집합이라는 말씀을 하지 않으셨을 것이기 때문입니다. 왜냐하면 세존이시여, 여래께서 말씀하신 원자의 집합은 집합이 아니라고 여래께서 말씀하셨기 때문입니다. 그러므로 원자의 집합으로 불리는 것입니다.

여래께서 삼천대천세계[宇宙]라고 하신 것, 그것은 세계[宇宙]가 아니라고 여래께서는 말씀하셨습니다. 그러므로 삼천대천세계로 불리는 것입니다.

　왜냐하면 세존이시여, 만약 세계가 존재한다고 하면, 그것은 바로 하나의 덩어리에 집착하는 것이 될 것입니다. 여래께서 말씀하신 하나의 덩어리에 대한 집착, 그것은 집착이 아니라고 여래께서 말씀하셨습니다. 그러므로 하나의 덩어리에 대해 집착하는 것이라고 말하는 것입니다.”

【무착송】 세계를 티끌의 가루로 만든다는 것은 법계에서의 불신의 존재방식을 밝히고자 하는 비유이다. 가루로 만든다는 것은 여기에서 번뇌의 멸진에 비유되고 있다.

　다시 말해 삼천대천세계는 원자의 ‘집합이 아니며’ ‘하나의 덩어리’도 아니라고 하는 것은 법계에서 불신이 동일한 것으로 존속하는 것이 아니라는 것을 보여주는 비유이다. 또한 가루가 밀집하여 있다 함은 상이한 것으로 나뉘어 있는 것도 아님을 가리키는 비유라 하겠다.

범부의 집착과 보살의 올바른 견해

세존께서 말씀하셨다.
“수부티여, 하나의 덩어리에 대한 집착이라는 것도 세속의 언어에 지나지 않는다. 그러나 그 본질은 언어로는 설명

될 수 없는 것이다. 그것은 법도 아니며, 법 아닌 것도 아니
다. 그런데 어리석은 사람은 이것에 집착한다."

제 31 장 지견불생분

자아에 대한 잘못된 견해

"왜냐하면 수부티여, 누군가가 다음과 같이 말했다고 하자. 즉 '여래는 자아에 대하여 그것이 실재한다는 견해를 말하였다. 중생에 대해서도, 수명에 대해서도, 개아에 대해서도 실재한다는 견해를 말하였다'고. 그러면 수부티여, 그는 진실을 말하고 있는 것인가?"

수부티가 대답하였다.

"세존이시여, 그렇지 않습니다. 선서시여, 그렇지 않습니다. 그는 진실을 말하고 있지 않습니다. 왜냐하면 여래께서 말씀하신 자아에 대한 견해, 그것은 견해가 아니라고 여래께서는 말씀하셨습니다. 그러므로 자아에 대한 견해라고 불리는 것입니다."

세존께서 말씀하셨다.

"실로 수부티여, 보살의 길에 들어선 사람은 일체의 법을 그와 같이 알아야 하며, 보아야 하며, 또 믿고 이해하여야 한다. 법이라는 생각(관념)에도 집착함이 없이 알아야 하고,

보아야 하고, 또 믿고 이해하여야 한다. 왜냐하면 수부티여, 법의 생각(관념), 법의 생각이라는 것, 그것은 생각이 아니라고 여래는 설하였다. 그러므로 법의 생각이라고 불리는 것이다."

【무착송】 설법은 단지 '세속의 언어'에 따른 것임을 알지 못하기 때문에 '어리석은' 사람들은 다르게 이해하고 집착한다. 여래가 자아에 대한 견해를 설했다는 것도 세속의 언어에 지나지 않는다. 자아건 법이건, 그들을 부정하였다고 하여 깨달음이 얻어지는 것이 아니다. 왜냐하면 이 둘은 실재하는 것이 아니어서 부정의 대상도 되지 못하기 때문이다. 부정되어야 할 것은 그 둘에 대한 견해 그 자체이다.

'어리석은' 사람은 비실재인 대상에 대해 진실되지 못한 것을 상정하기 때문에 '견해'가 있으며, 그러므로 그것은 참된 '견해가 아니'라고 여래는 설하셨다. 이러한 점은 실로 깨달음을 얻는 데에 미세한 장애가 된다. 이 점이 제거되기 위해서는 자아와 법의 허망성을 알지 않으면 안 된다.

두 가지의 앎(世俗의 앎, 즉 세속제와 勝義의 앎, 즉 승의제)과 그 기초가 되는 명상〔三昧〕에 의해, 그러한 점이 제거된다고 설하였다.

제 32 장 응화비진분

존재하는 모든 것은 환영 (幻影)

"또한 수부티여, 어떤 위대한 보살이 헤아릴 수 없는 무수한 세계를 일곱 가지 보물로 가득 채우고, 이것을 올바른 깨달음을 얻은 존경스러운 여러 여래께 공양하였다고 하자. 그리고 한편으로는 훌륭한 아들딸이 이 지혜의 완성이라는 법문에서 예를 들어 네 구절의 시 한 편만이라도 파악하고 기억하고 이해하고 또 다른 사람에게 자세히 설명해 준다고 하자. 이 경우 후자가 전자보다 더욱 헤아릴 수 없는 무수한 공덕을 쌓게 될 것이다. 그러면 어떻게 설명해 줄 것인가? 설명하지 않는 것이다. 그러므로 설명한다고 한다."

【무착송】 그러므로 모든 부처님의 공덕, 즉 그 화신의 설법이 가져오는 공덕은 다함이 없는 것이다.

여래께서는 설법할 때에, 자신을 화신이라고 하여 스스로 설법자로 설명하지 않는다. 이것은 '설명하지 않는 방식'으로 설명하는 것이다. 그러므로 그 설법은 진실된 것이다.

그리고 세존께서는 다음의 시를 읊으셨다.

별이나 눈앞의 그림자, 등불,
환영, 이슬, 물거품,
꿈, 번개, 구름.
모든 유위(有爲)의 세계는
마땅히 이와 같이 보아야 한다.

【무착송】 여래에게 있어 열반은 유위의 세계와 같이
인과적으로 형성된 것도 아니며, 그와 다른 어떠한 것
도 아니다. 제불은 열반에 들어간 뒤에도 화신의 모습
으로 이 세상에 출현하여 설법을 하며, 생성된 존재를
아홉 가지로 비유하여 올바로 관찰하기 때문이다.
　그 아홉 가지는 ① 마치 태양이 떠오르면 별들은
사라지듯이, 모든 마음작용은 올바른 앎이 깨우쳐질
때 사라진다는 점에서 '봄[見]'의 성격을 지닌 것으로
관찰되며, ② 안질이 있는 사람의 눈에 헛그림자가 나
타나듯이 사물이 그릇 인식된다는 점에서 '모습[相]'
의 성격을 지닌 것으로, ③ 연료가 공급되는 한 등불
이 타듯이, 사물을 인식할 때 욕망이 생긴다는 점에서
'마음의 활동[識]'의 성격을 지닌 것으로, ④ 마술에

서 환영이 나타나듯이, 이 세계의 구성 요소는 비실재라는 점에서 '기반[器]'의 성격을 지닌 것으로, ⑤ 이슬이 잠시 동안 존재하듯이, 우리의 육신은 찰나적이라는 점에서 '몸[身]'의 성격을 지닌 것으로, ⑥ 물거품이 이내 부서지듯이, 모든 기쁨도 이내 분쇄된다는 점에서 '경험[受用]'의 성격을 지닌 것으로, ⑦ 꿈이 허망되고 단지 기억으로 남듯이, 우리의 삶도 허망된 것에 집착하고 끊임없이 흘러간다는 점에서 '과거'의 성격을 지닌 것으로, ⑧ 찰나적인 번개가 순식간에 사라지듯이, 현존하는 것도 순식간에 사라진다는 점에서 '현재'의 성격을 지닌 것으로, ⑨ 구름이 앞으로 내릴 비를 머금고 있듯이, 심층 의식 즉 알라야식이 앞으로 전개될 모든 종자를 담고 있다는 점에서 '미래'의 성격을 지닌 것으로 관찰된다.

①∼③에서는 인식의 특징이, 그리고 ④∼⑥에서는 인간적인 경험이, 또 ⑦∼⑨에서는 시간적인 흐름이 관찰된다. 이들에 의해 인과적으로 변화하는 유위의 세계 안에 거주하면서도 염오되지 않은 자유로운 힘을 얻는다.

삼백의 시로 이루어진 '지혜의 완성'에 대한 77게송으로 된 아상가의 주석을 마친다.

이상과 같이 세존께서는 말씀하셨다.

　그때 수부티 상좌(上座)와 비구·비구니, 재가의 남녀 신
도들, 저 보살들 그리고 신(神), 인간과 아수라, 건달바 등이
세계의 모든 존재들은 마음으로 환희하며 세존께서 말씀하
신 것을 찬양하였다.

　‘금강석과 같이 모든 번뇌를 절단’하는 성스럽고 거룩한
‘지혜의 완성’이 끝났다.

역주(譯註)와 해설

금강반야경 역주(譯註)

1) 세존(世尊, Bhagavat)은 원래 '지극한 복을 지닌 사람', '존경받을 만
   한', '신성한'이라는 의미를 지닌 말로 신들과 성자에 대한 존칭이다.
   불교에서는 부처님에 대한 경칭으로 자주 사용되며, 제자들은 부처님
   에 대한 호칭으로 사용하고 있다. 한역에서의 '세존'은 '세계에서 가장
   존귀한 분'이라는 뜻이다.
2) 비구(比丘, bhikṣu : 팔리어로는 bhikkhu)는 '걸식(乞食)하는 사람'이
   라는 뜻으로, 특히 불교에서는 출가 수행자를 가리킨다. 여성의 경우
   는 비구니(比丘尼, bhikṣuṇī, bhikkhunī)로 불린다.
3) 보살은 보리살타(苦提薩埵 bodhi-sattva)의 준말로서 보통 '보리(깨달
   음)를 추구하는 중생', 즉 구도자로서의 수행자를 가리키는 말로 해석
   되지만, 그 밖에도 여러 가지로 해석되고 있다. 보살은 특히 대승사상
   에서 발달되어 그 중심개념의 하나가 되었다. 즉 대승에서는 '후에 깨
   달음을 얻어 불타가 될 구도자'라는 의미에서부터 '불성(佛性)을 지닌
   사람'이라는 의미까지 갖는다. 또한 관세음보살, 문수보살 등과 같이
   불타의 덕 가운데 하나를 지닌 존재로도 생각되었는데, 이러한 보살은
   사람들에게 가장 친근한 구제자로서 불타 이상의 사랑을 받기도 하였
   다. 불교를 믿는 여성 신도들을 보통 '보살'이라고 지칭하긴 하지만 그
   의미는 다르다.
4) 슈라바스티(Śrāvastī)는 갠지스 강 평원 북쪽, 네팔 국경 근처인 현재
   의 사헤트 마헤트로서, 당시에는 코살라국의 수도였다. 부처님 시대에
   는 동남쪽에 있는 왕사성(王舍城, Rājagrha, 지금의 Rajgir)에 버금가
   는 대도시로서 프라세나지트 왕이 거주하고 있었다.
5) '제타 숲······기원'은 한역에서는 기수급고독원(祇樹給孤獨園), 줄여

서 기원(祇園)이라고 한다. 제타 태자가 소유하고 있던 숲의 정원 가
운데 아나타핀다다 장자(수닷타 장자 또는 급고독장자의 별칭)가 큰
정사(精舍)를 건립하여 부처님과 그 제자들에게 헌납하였다. 이를 기
원정사(祇園精舍)라고 한다.

6) 존귀한 분의 주위를 시계 방향에 따라 도는 것은 경의를 표하는 예배
형식으로서, 한역으로는 우요(右繞)라고 한다. 우요삼잡(右繞三匝)은
이를 세 번 반복한다는 것.

7) 수부티(Subhūti, 須菩提)는 불타의 십대제자의 한 명으로 해공제일(解
空第一), 즉 공에 대한 이해가 가장 뛰어난 제자라고 한다. 그러므로
반야경이 설해질 때는 대부분 그가 대화의 대표자로 등장한다. 오랜
수행을 쌓은 사람이라는 의미의 장로(長老)라는 경칭이 붙는다.

8) 왼쪽 어깨에 옷을 걸치고, 오른쪽 어깨는 노출시키는 것. 예법의 하나.

9) 선서(善逝, Sugata)는 '잘 간 사람', '지극한 복을 성취한 사람'의 뜻.
부처님에 대한 경칭.

10) 여래(如來, tathāgata)는 '그와 같이 갔다' 또는 '그와 같이 왔다'는 뜻
으로, 부처님의 다른 이름이다. 제자들이 스승을 여래로 부를 뿐만 아
니라, 부처님도 스스로를 그렇게 부른다. '올바른 깨달음을 얻었다(正
等覺)'도 '존경스러운(應供, 阿羅漢)'도 부처님의 다른 이름이지만, 여
기에서는 형용사로 번역하였다.

11) 생물이 태어나는 방식으로서 난생(卵生)·태생(胎生)·습생(濕生)·
화생(化生)의 네 가지가 있다. 난생은 알에서 태어나는 것이고, 태생은
모태를 통하여 태어나는 것이며, 습생은 물이 있는 곳에서 벌레 등이
발생하는 것이고, 화생은 남녀의 성과 관계없이 자연적으로 태어나는
것을 말한다.

12) 열반(涅槃, nirvāṇa)은 불교의 궁극적 목표로서 번뇌를 멸진한 적정의
경지를 말한다. 그리고 열반은 다시 번뇌를 멸진하였어도 육체가 남아
있는 유여의(有餘依)열반과 육체마저 소멸된 무여의열반의 둘로 나뉜
다.

13) 불교의 무아설(無我說)에서 부정되는 '아'의 기본적인 용어는 자아(自
我, ātman)이지만, 이어서 계속하여 언급되고 있는 중생(衆生, sattva),

수명(壽命, jīva), 개아(個我, pudgala)도 자아와 같은 말이다.

14) '모양' 이하의 여섯 가지는 색(色) · 성(聲) · 향(香) · 미(味) · 촉(觸) · 법(法)으로서 육진(六塵), 육경(六境) 등으로 한역된다. 이것은 다섯 가지 감각과 의식의 대상들을 지칭한다.

15) '여섯 가지의 완전함'은 육바라밀(六波羅蜜), 육도(六度) 등으로 한역된다. 바라밀다(波羅蜜多, pāramitā)는 '완전한 상태', '피안에 도달한 상태'를 의미한다. 여섯 가지는 보시 · 계율 · 인내 · 정진 · 선정 · 지혜이지만, 후에는 여기에 원(願) · 력(力) · 지(智) · 방편(方便)을 더하여 십(十)바라밀을 말하기도 하였다.

16) 부처님은 위대한 사람으로서의 여러 가지 신체적 특징이 있다고 한다. 중요한 것을 헤아려서 32상(相), 그리고 부차적인 상을 80종호(種好) 또는 수호(隨好)라고 하며, 또 이 둘을 합하여 상호(相好)라고 부른다.

17) 후세에는 불교 쇠멸의 역사를 다섯 번의 500년(합계 2,500년)으로 구분한다. 혹은 최초의 500년을 정법(正法)의 시대, 그 다음의 500년을 상법(像法, 유사하지만 진실이 아닌 법)의 시대, 그 이후를 말법(末法, 종교적 활동의 멸망)의 시대라고 하여 세 시기로 구분하는 방식도 있었다. 여기에서 말하는 '후 500년'은 부처님 열반 후 1,000년을 가리키는 것으로서, 이것은 정법 쇠멸의 시대라고 부른다.

18) 선근(善根)이란 그것이 뿌리가 되어 덕을 낳고, 선한 결과를 가져오는 바의 선한 행위.

19) '온(蘊)'은 집합, 무리를 의미한다. 인간의 존재는 다섯 가지 요소의 집합이 잠정적으로 결속되어 있는 것에 지나지 않는 것으로 설명된다. 다섯 가지(五蘊)는 물질(色) · 감각(受) · 표상(想) · 의지형성(行) · 인식(識)을 말한다.

20) 오취(五趣) 또는 오도(五道)는 개아가 계속하여 윤회전생하는 다섯 영역, 즉 지옥 · 아귀 · 축생 · 인간 · 신 들을 말한다. 축생 다음에 아수라(阿修羅)를 넣으면 육취 또는 육도가 된다.

21) 원지(願知)는 진실을 알고자 하는 원을 일으켜 삼매 · 선정에 들어감으로써 일체를 직관적으로 하는 앎. 그와 반대되는 말은 유추에 의한 앎.

22) 강을 건넌 다음에는 뗏목을 버려야 한다. 그러나 강을 건넌 뒤에도 뗏목을 메고 다니는 것은 어리석은 일이다. 이와 마찬가지로 언어로써 설해진 법도 그것에 의해 진리가 깨우쳐졌다면 버려져야 할 것으로, 언어에 집착해서는 안 됨을 강조한 말이다. 하물며 법(가르침)이 아닌 것은 두말할 나위도 없다. 이 뗏목의 비유는 많은 경전에서 비유로 쓰이고 있다.

23) 삼천대천세계(三千大天世界)는 우주 전체를 뜻한다. 태양과 달이 있고, 사대주(四大州)로 나뉘어 있는 세계가 하나의 세계이며, 이것이 천 개 모인 것이 소천세계(小千世界)이다. 소천세계가 천 개 모인 것이 중천세계(中千世界), 중천세계가 천 개 모인 것이 대천세계(大千世界)이다. 이들 3종의 천의 세계를 총칭하여 삼천세계 또는 삼천대천세계라고 한다. 즉 우주 전체를 말한다.

24) 일곱 가지 보물의 명칭 및 그 열거 방식은 다양하다. 금·은·유리(瑠璃)·파리(玻璃)·차거(硨磲)·적주(赤珠)·마노(瑪瑙)가 그 한 예이다.

25) 사구게(四句偈): "무릇 상(相)이 갖추어져 있다면 그것은 모두 거짓이다. 또 상(相)이 갖추어져 있지 않다면 그것은 거짓이 아니다. 그러므로 여래는 상(相) 없음을 상(相)으로 한다." 여기에 대한 한역은 "凡所有相 皆是虛妄 若見諸相非相 卽見如來."

26) 제9장에서 언급되고 있는 예류, 일래, 불환, 아라한은 초기불교 이래 수행자의 실천 단계로 생각되었다. 최초의 깨달음의 단계에 들어간 사람을 예류자, 즉 '깨달음의 단계에 들어간 사람'이라고 하며, 그 깨달음을 성취했을 때 '예류과를 성취했다'고 한다. 다음의 일래는 깨달음이 더욱 깊어져 가지만 다시 한 번 인간계에 태어나야 하는 단계, 즉 다시 한 번 와야[一來] 함을 말한다. 불환은 다시 인간계로 돌아옴이 없는[不遠] 단계이다. 그리고 아라한은 모든 번뇌를 끊고 열반의 깨달음을 얻은 최고의 단계이지만, 부처님과 동등하지는 않다.

27) 디팡카라여래(Dīpaṃkara): 한역으로는 연등불(燃燈佛)이라고 한다. 과거세에 고타마는 디팡카라여래를 만나 가르침을 받고, 그로부터 '91겁을 지나 샤캬무니 붓다(釋迦牟尼佛)가 될 것'이라는 수기(受記, 부

처가 될 것이라는 증명)를 받았다.

28) '국토장엄을 이룩한다'는 것은 곧 국토를 청정케 한다는 것으로, 정토 (淨土)를 건설함을 말한다. 정토는 어딘가에 처음부터 존재하는 것이 아니다. 그러한 것은 '단지 겉으로 존재할 따름'으로, 정토는 보살들에 의해 건설되고 완성되는 것이다. 그때 '광명은 광명이 아님으로써 광 명의 완성이 있다'고 한다.

29) 수메루 산(須彌山) : 수미산은 산 가운데 가장 거대하고 큰 산으로서 불교경전에 자주 등장한다. 그것은 산 가운데 왕(王)이라고 하는 의미 때문인데 아름답고 거대한 이상적(理想的)인 이 산은 그러나 실제 있 는 산은 아니며 가상의 산으로서 경전에서는 비유로 들고 있다.

30) 아수라(asura) : 한역으로는 아수라(阿修羅). 고대에는 최고신에 상당 하는 존재였으나, 후에는 항상 선신(善神)에 반항하며 싸움을 일삼는 악신, 악귀로 간주되었다. 육취(六趣)의 하나이기도 하다.

31) 한량없는 긴 시간의 단위. 겁(劫), 겁파(劫波) 등으로 한역된다.

32) '최상의 길…… 지고의 길에 들어간 사람들을 위하여'의 구절은 오래 된 번역본에는 없다. 후세에 부가된 것으로 생각된다. 최상의 길[上 乘], 지고의 길[勝乘]은 모두 대승을 가리킨다.

33) 대부분의 한역과 티베트역은 이 마지막 문장을 부사구로 간주하여 '나 에게 지혜가 생긴 이래, 세존이시여, 저는 이제껏 이러한 법문을……' 이라고 번역하고 있다.

34) 경 본문의 순서로서는 이 다음에 '설법의 공덕이 최고이다'가 오는 것 이 자연스럽고 보다 합리적이다. 의정(義淨)의 번역은 그렇게 되어 있 다. 또한 무착이 보았던 텍스트도 그러했을 것이라는 점은 다음의 제 14장 이상적멸분의 【무착송】의 내용에 의해 추정된다.

35) 텍스트에는 칼링가의 왕(Kalinga-rājan, 가리왕)으로 되어 있지만, 악 한 왕(Kali-rājan)이 옳다.

36) 크샨티바딘(Kṣāntivādin), 즉 '인내를 설하는 자'로 불리는 고행자 · 선 인(仙人)은 석가모니불 전생의 모습이다. 악한 왕에 의한 잔혹한 박해 를 끝까지 인내하고 끝내 죽음에 이르는 그의 일은 《자타카(본생담)》 (제 313)에 기록되어 있다.

37) 코티(koti), 니유타(niyuta)는 백만, 천만과 같은 큰 수의 단위이다. 그러므로 백천 코티 니유타는 '백의 천배의 코티 배(倍)의 니유타 배(倍)'라는 큰 수가 된다.

38) 초기불교 이래 지혜는 문(聞)·사(思)·수(修)의 셋에 의해 계발(啓發)되는 것으로 이야기되고 있다. 문은 다른 사람에게서 듣고서 알게 되는 것, 사는 들은 내용을 사색하는 것, 수는 사색의 내용을 반복하여 닦음으로써 체득하는 것이다.

39) 주 6) 참조.

40) 오취(五趣) 가운데 지옥·아귀·축생의 셋을 3악취라고 한다. 고통과 고뇌로 가득 찬 존재들. 주 20) 참조.

41) 괄호 안의 문장은 막스 뮐러본에는 있지만, 이 번역의 저본인 콘즈본에서는 후세에 부가된 것이라고 하여 제외되어 있다. 다른 역본에도 대개 이 문장이 결여되어 있지만, 수(隋)의 급다(笈多)역과 당(唐)의 현장(玄奘)역에는 명시되어 있으므로 콘즈가 800년 이후에 부가된 것이라고 한 말은 옳지 않다.

42) 존재하는 모든 것〔諸法〕의 진실된 모습이 인식될 때, 세계는 그대로 법계(法界, 진리의 세계)이다. 즉 궁극적 깨달음의 대상이 되는 세계가 법계이다. 따라서 법계에서는 일체의 것이 청정하며, 평등·불변(不變)·공(空)이다.

43) 여기에서 마음의 흐름으로 번역한 citta-dhārā는 무착에게는 흐름(어근 dhāv)과 지속(어근 dhṛ)의 두 가지 의미로 이해되고 있다. 그런데 이 두 의미는 서로 반대되는 것이다. 의정(義淨)도 때로는 단지 심다라(心陀羅)라고 하여 그 원어를 제시할 따름이다. 한역자 중에서 나집(羅什)과 보리류지(菩提流支)는 심(心), 심주(心住)로, 그리고 수·당 시대의 급다·현장·의정은 '심류주'(心流注), '심류전'(心流轉)으로 번역하고 있다. 여기에서는 후자를 따랐다.

44) 전륜왕은 전세계를 정복한 위대한 제왕. 그는 부처님에게만 있다는 위대한 사람의 신체적 특징인 32상을 갖추고 있다. 그러나 단순히 32상을 갖추고 있다고 해서 여래가 될 수는 없다. 이것은 여래가 갖추고 있는 외형적인 모습에 집착하지 말라는 의미이다.

금강반야경 해설

무집착 무소유의 공(空)사상

우리가 흔히 부르는 금강경(金剛經), 또는 금강반야경(金剛般若經)은 약칭이며, 구체적인 명칭은 금강반야바라밀경(金剛般若波羅密經), 뜨는 능단금강반야바라밀경(能斷金剛般若波羅密經)이다.

불교의 여러 경전 가운데 우리가 가장 많이 애독하고 있는 경전이 바로 이 금강경일 것이다.

금강경은 대승불교의 핵심사상인 공사상(空思想)을 설하고 있다. 긍정과 부정, 그리고 다시 긍정을 거치면서 부정되고 있는 공사상은 철저한 무집착 무소유, 무주상(無住相)을 목표로 하고 있다.

경전에서는 다음과 같이 설하고 있다.

"구도의 길로 들어선 사람(보살)은 모든 중생을 한 사람도 남김없이 열반의 세계로 인도하지 않으면 안 된다. 그러나 또한 보살은 한 중생도 열반의 세계로 인도했다는 생각을 가져서는 안 되며, 그러한 생각마저도 떨쳐버리지 않으면 안 된다"고.

이렇듯 철저한 무집착, 무소유의 공사상을 설하고 있음에도 불구하고 이 경에서는 '공(空)'이라는 용어가 한 번도 나오지 않는다. 하지만 '공'사상은 이 경의 곳곳에 서술되어 있다. 또 이 경은 더 나아가 부처님의 깨달음과 설법, 그리고 갖가지 공덕도 모두 부정한다.

예를 들면 "수부티여, 부처님의 가르침, 부처님의 가르침이라는 것 그것은 실은 부처님의 가르침이 아니라고 여래께서 설하신다. 그러므로 부처님의 가르침으로 불린다"는 방식으로 언급되고 있다. 이러한 긍정→부정→긍정의 역설적인 표현이 바로 '공'의 직접적인 자기 표현이라고 할 수 있다.

그런데 이러한 공의 논리는 논리를 위한 논리가 아니라, 실은 사람들의 집착을 끊기 위한 하나의 수단이다.

또 "집착 없이 마음을 일으켜야 한다(應無所住而生其心)"는 말 역시 모든 사고를 정지시키면서 자유롭게 사고해야 함을 의미한다.

이렇듯 금강경은 전체가 공사상을 역설하고 있으면서도 공이라는 용어가 한 번도 나오지 않는 까닭은 어째서일까. 그것은 바로 이 경전이 공이라는 용어가 정착되기 이전의, 즉 초기 대승불교시대에 이루어진 경전이기 때문이다.

그 이유로는 '소승'에 대한 '대승' 의식이 명확하게 나타나지 않는다는 걸 들 수 있다. 다시 말해 경전에서는 '하열한 가르침에 믿음을 가진 사람', '보살의 서원을 세우지 않은 사람들'이라고만 언급하고 있을 뿐, '소승(hinayana)'이라는 비칭으로 그들을 격하시키지는 않고 있다. 마찬가지로 이 경전에서는 대승이라는 선명한 의식도 찾아볼 수 없다.

또 경전의 서술형식이 극히 간결하고 옛 형태에 가까운 편이다. 대부분의 대승경전은 일반적으로 집회에 모인 사람들을 묘사할 때, 일일이 하나하나 그 이름을 읊어댄다. 그러나 이 경전은 그와는 대조적으로 예컨대 '많은 사람들이 모였다(1,250인의 큰 비구 승가와 수많은 위대한 보살들)'는 정도의 의미로 간략하게 표현하고 있다.

그러면 이 경전을 만들고 신봉한 사람들은 대체 어떤 사회계층에 속해 있는 사람들이었을까. 경전 자신은 이에 대해 일언반구 말이 없지만 이 경전을 자세히 읽어보면 몇 가지 단서를 얻을 수 있다. 우선 이 경전은 '불탑(佛塔)을 공양하거나 값진 재물을 기증하는 공덕보다 경전을 읽고 외우며 전파하는 쪽이 훨씬 공덕이 큼'을 설하고 있다.

공양이나 재물의 기증은 경제적으로 상당한 여유가 있어야 가능한 일이다. 하지만 경전을 외우고 전하는 일이라면 가난한 사람도 능히 할 수 있다.

금강경은 바로 이 가난한 사람들을 향해 경전을 읽고 외우는 독경공덕을 설함과 동시에 지속적인 경전 유포에 대한 강한 의지를 나타내고 있다.

　한편 금강경은 단순히 공사상을 설하고 있는 데서 그치는 것이 아니라 사실은 무소유 무주상의 보살행을 강조하고 있다.

　"보살의 길(구도자)로 나아간 사람은 어떻게 행동하며 어떻게 살아가야 합니까?"라는 수부티(수보리)의 질문에 석존은 "의식이 있든 없든, 형태가 있든 없든 생명체에 속하는 것, 즉 중생계에 속하는 것 모두를 번뇌가 완전히 소멸된 무여의열반(無餘依涅槃)의 세계로 인도하지 않으면 안 된다"고 설하고 있는 것이다. 뿐만 아니라 "보살(구도자)은 모양이나 소리, 향기, 감촉 그 어느 것에도 집착하여 보시해서는 안 된다"고 역설하고 있다. 철저한 무집착, 무소유의 공(空) 사상을 대표하는 금강경은 한편으로는 이렇게 많은 부분에서 진실한 보살행을 힘주어 말하고 있다.

　중국 선종의 제6조 혜능(慧能)은 "집착 없이 마음을 일으켜야 한다(應無所住而生其心)"는 구절에서 크게 깨우침을 얻었다. 그 뒤 이 경전은 중국 선종의 대표적인 경전이 되었다.

　이 경이 유포된 지역은 중국, 한국, 일본, 동북아시아, 인도, 티베트, 중앙아시아에까지 이르고 있으며 동시에 각 지역에 많은 주석서를 남겼다.

　이들 많은 주석 가운데 여기에 번역된 아상가(無着)의

《게송에 의한 주석》(77頌)은 현존하는 주석 중 가장 오래 된 것이다.

이 책에서는 위의 77송을 우리말로 번역하고 아울러 그 주석의 내용에 따라 금강반야경 본문 사이에 적절히 삽입하였다.

그러나 이 게송들은 시구로 되어 있어 다양한 의미를 포함하고 있을 뿐만 아니라 지극히 압축된 형태로 나타나 있다.

본 번역의 각 단락에 삽입되어 있는 아상가의 《게송에 의한 주석》은 이 경의 내용을 부연 설명하고 있기는 하나 때로는 아상가의 철학적 사색과 맞물려 어떤 의미에서는 경의 본문보다 주석 쪽이 훨씬 어려운 점도 있다. 그러므로 우리말 번역에서는 쉽게 이해할 수 있도록 하기 위하여 보충말을 많이 넣었다.

한편 이 게송들에는 유가행학파(瑜伽行學派) 학승으로서의 아상가의 독특한 철학도 엿보이며, 나아가 이 경을 계기로 하여 자신의 철학과 교의를 적극적으로 기술코자 하는 부분도 발견된다.

금강반야경의 본문에는 거의 똑같은 내용이 여러 차례 되풀이되고 있는가 하면 서술내용이 갑자기 특별한 의미도 없이 다른 주제로 옮겨가는 일이 종종 있다. 그리고 전반과 후반이 거의 같은 내용으로 반복되고 있는데 이렇듯 전반과

후반이 동일하게 반복된다면, "이 법문의 이름을 무엇이라
고 해야 합니까?"라는 문답(제13장)에서 이 경의 내용은 일
단 종결된 것으로 볼 수 있다. 경의 명칭을 기술함으로써 그
경을 종결짓는 것이 경의 일반적 형식이기 때문이다.

이와 같이 경의 본문에는 여러 가지의 의문점들이 있다.
그러나 가장 오래 된 텍스트인 구마라집의 한역 이래 금강
경의 모든 텍스트는 이 책에서 번역된 산스크리트본과 거의
동일한 분량이다(다만 8~10세기경에 성립된 것으로 생각되는
코탄어역은 후반의 대부분이 없다).

아상가가 보았던 텍스트도 전후반이 반복되는 형태로 되
어 있다. 그런데 놀라웁게도 아상가는 《게송에 의한 주석》
을 쓰면서 전반과 후반이 동일하게 반복되는 데 대한 일말
의 의심도 없이 주어진 그대로 이 경전 전체에 대하여 정력
적으로 주석하고 있다.

그러므로 독자는 일차적으로 아상가의 주석보다는 경전
의 본문만을 읽는 것이 좋으리라고 생각된다. 그 다음에 경
의 본문을 마음속에 새기면서 아상가의 게송이 이에 대해
어떻게 주석하고 있는지를 면밀히 검토하는 것이 좋을 것이
다. 그렇게 함으로써 경의 본문만으로는 생각지 못했던 문
제가 내재되어 있음을 발견하게 될 것이다.

마지막으로 경의 제목인 바즈라체디카(Vajracchedikā Pra-
jñāpāramitā)는 '금강과 같이 절단하는 것'이라는 의미로서
반야바라밀, 즉 '지혜의 완성'을 나타내고 있다. 여기서 금

강은 금강석, 또는 금강저(金剛杵)를 가리킨다. 어쨌든 가장 견고한 것, 가장 위력이 있는 것임에는 틀림없다. 이것이 모든 번뇌와 집착 그리고 무명의 암흑을 '절단한다'는 것이다. '금강'은 불교에서 다양한 의미를 갖는 비유로 사용되고 있으나, '지혜의 완성'이라는 의미로 사용되는 것이 이 경전의 한 가지 특색이다.

그리고 이 경전을 깊이 연구하고자 하는 독자에게는 일러두기에서 언급한 콘즈와 투치의 저서, 그리고 콘즈가 일반인을 대상으로 역주한 *Buddhist Wisdom Books*(London, 1958) 및 같은 저자의 전문적인 연구서 *The Prajñāpāramitā Literature*('S-Gravenhage, 1962) 등을 권하고 싶다.

金剛般若波羅蜜經

法會因由分 第一

如是我聞오니하사 一時에 佛이 在舍衞國 祇樹給孤獨園사하 與大比

丘衆千二百五十人로으 俱니러시 爾時에 世尊이 食時에 着衣持鉢고하시

入 舍衞大城사하 乞食새하실 於其城中에 次第乞已사하 還至本處사하

飯食訖고하시 收衣鉢고하시 洗足已고하시 敷座而坐다하시

善現起請分 第二

時에 長老須菩提ㅣ 在 大衆中다가시 即從座起사하 偏袒右肩며하시

右膝着地고하시 合掌恭敬고하시 而白佛言대하사 希有世尊하 如來ㅣ

善護念 諸菩薩며하시 善付囑諸菩薩나니 世尊하 善男子善女人

이發阿耨多羅三藐三菩提心는하니 應云何住며 云何降伏其心

잇고 佛言대하사 善哉 善哉라 須菩提아 如汝所說야하 如來ㅣ善護

念 諸菩薩며하 善付囑 諸菩薩니하노 汝今諦聽라하 當爲汝說라호리 善

男子善女人이 發阿耨多羅三藐三菩提心는하니 應 如是住며하 如

是降伏其心라이니 唯然 世尊하 願樂欲聞이다하노

大乘正宗分 第三

佛이 告須菩提대하사 諸菩薩摩訶薩이 應如是降伏其心니이 所有

一切衆生之類ー若卵生 若胎生 若濕生 若化生 若有色

若無色 若有想 若無想 若 非有想 非無想을 我皆令入

無餘涅槃야하 而滅度之니호리 如是滅度 無量無數無邊衆生대호

實無衆生得 滅度者니 何以故오 須菩提야 若菩薩이 有我相

人相 衆生相 壽者相면하 卽非菩薩라인니

妙行無住分 第四

復次須菩提야 菩薩이 於法에 應無所住야하 行於布施니 所謂不

住色布施며하 不住聲香味觸法布施라니 須菩提야 菩薩이 應 如

是布施야하 不住於相니이 何以故오 若菩薩이 不住相布施면하 其福

德을 不可思量이라니 須菩提야 於意云何오 東方虛空을 可 思量

不아 不也다니이 世尊하 須菩提야 南西北方四維上下虛空을 可思

量不아 不也다니이 世尊하 須菩提야 菩薩의 無住相 布施난하 福德

도 亦復如是야하 不可思量이라니 須菩提야 菩薩이 但應如所教住라니

如理實見分 第五

須菩提야 於意云何오 可以身相으로 見 如來不아 不也다니이 世尊

하 不可以身相으로 得見如來니 何以故오 如來所說身相은 即非

身相이다니 佛이 告須菩提하사대 凡所有相이 皆是虛妄니이 若見諸相

非相하면 即見如來라하리

須菩提—白佛言하사대 世尊하 頗有衆生이 得聞如是言說章句
하고 生 實信不가잇 佛告須菩提하사대 莫作是說하라 如來滅後 後五
百歲에 有持戒修福者— 於此章句에 能生信心야하 以此爲實니하리
當知是人은 不於一佛二佛三四五佛에 而種善根라이 已於無量
千萬佛所에 種諸善根야하 聞是章句고하 乃至一念生淨信者라니 須
菩提야 如來—悉知悉見니하나 是諸衆生이 得如是無量福德라이니
何以故오 是諸衆生이 無復我相 人相 衆生相 壽者相며하 無
法相며하 亦無非 法相니이 何以故오 是諸衆生이 若心取相면하 即
爲着 我人衆生 壽者니 何以故오 若取法相도이라 即着我人衆

生壽者며 若取非法相이라도 即着我人 衆生壽者라니 是故로 不應

取法며이 不應取非法니이 以是義故로 如來常說대호 汝等比丘야 知

我說法을 如 筏喩者노니라 法尙應捨든어 何況非法이야따녀

無得無説分 第七

須菩提야 於意云何오 如來ㅣ得 阿耨多羅三藐三菩提耶아

如來ㅣ有 所説法耶아 須菩提言대하사 如我解佛所説義댄컨 無有

定法名阿耨多羅三藐三菩提며 亦無有定法如來可説니이 何

以故오 如來所説法은 皆不可取며 不可説며이 非法이며 非非法니이

所以者何오 一切賢聖이 皆以無爲法로으 而有差別이다니

依法出生分 第八

須菩提야 於意云何오 若人이 滿三千大千世界七寶로 以用布施면하 是人의 所得福德이 寧爲多不아 須菩提ㅣ言대하사甚多니이다世尊아 何以故오 是福德이 即非福德性새일 是故로 如來ㅣ説福德多니이 若復有人이 於此經中에 受持乃至四句偈等야하 爲他人說면하 其福이 勝彼니하리 何以故오 須菩提야 一切諸佛과 及諸佛阿耨多羅三藐三菩提法이 皆從此經出라이니 須菩提야 所謂佛法者는 即非佛法라이니

須菩提야 於意云何오 須陀洹이 能作是念 我得須陀洹果不아 須菩提ㅣ言하사대 不也니이 世尊하 何以故오 須陀洹은 名爲入流대로 而無所入 不入色 聲香味觸法새일 是名須陀洹이니 須菩提야 於意云何오 斯陀含이 能作是念 我得斯陀含果不아 須菩提ㅣ言하사대 不也니이 世尊하 何以故오 斯陀含은 名一往來대로 而實無往來새일 是名斯陀含이니 須菩提야 於意云何오 阿那含이 能作是念대호 我得阿那含果不아 須菩提ㅣ言하사대 不也니이 世尊하 何以故오 阿那含은 名爲不來대로 而實無不來새일 是故로 名阿那含이니 須菩提야 於意云何오 阿羅漢이 能作是念대호 我得阿羅

漢道不아須菩提言하사대不也다니이世尊하何以故오實無有法名阿

羅漢이니世尊하若阿羅漢이作是念호대我得阿羅漢道라호면即爲着

我人衆生壽者다니世尊하佛說我得無諍三昧야하人中에最爲

第一이라是第一離欲阿羅漢이라世尊하我不作是念호대我

是離欲阿羅漢노이다世尊하我若作是念호대我得阿羅漢道라호면

世尊이即不說須菩提ㅣ是樂阿蘭那行者시라以須菩提ㅣ

實無所行새일而名須菩提ㅣ是樂阿蘭那行이라하시나니이다

莊嚴淨土分　第十

佛이告須菩提하사대於意云何오如來ㅣ昔在燃燈佛所야하於法에

有所得不아 不也니이 世尊하 如來ㅣ 在燃燈佛所사하 於法에 實

無所得이니 須菩提야 於意云何오 菩薩이 莊嚴佛土不아 不也니이

世尊하 何以故오 莊嚴佛土者는 卽非莊嚴새일 是名莊嚴이니다 是故

로 須菩提야 諸菩薩 摩訶薩이 應如是生淸淨心이니 不應住色

生心며하 不應住聲香味觸法生心이요 應無所住야하而生其心이니須

菩提야 譬如有人이 身如須彌山王면하 於意云何오 是身이 爲大

不아 須菩提ㅣ言대하사 甚大이다 世尊하 何以故오 佛說이 非身라이 是

名大身이다

無為福勝分 第十一

須菩提야 如 恒河中 所有沙數야하 如是沙等恒河ㅣ 於意云何

오是諸恒河沙ㅣ寧爲多不아 須菩提ㅣ言 甚多다니 世尊하 但

諸恒河도 尙多無數온 何況其沙가잇 須菩提야 我今에 實言告汝

니호리 若有善男子 善女人이 以七寶 滿 爾所恒河沙數三千大

千世界로 以用布施면하 得福多不아 須菩提ㅣ言 甚多다니 世尊하

佛告須菩提대하사 若 善男子 善女人이 於此經中에 乃至受持

四句偈等야하 爲他人說면하 而此福德이 勝前福德라하리

尊重正敎分 第十二

復次須菩提야 隨說是經야하 乃至四句偈等면하 當知此處는 一切

世間 天人 阿修羅ㅣ皆應供養을 如佛塔廟든어 何況有人이 盡

能受持讀誦따이며야 須菩提야 當知是人은 成就最上第一希有之

法니이若是經典所在之處는 卽爲有佛 若尊重弟子라니

如法受持分 第十三

爾時에 須菩提ㅣ白佛言대하사 世尊하 當 何名 此 經며이 我等의云何

奉持있하리고 佛 告 須菩提대하사 是經은 名爲 金剛般若波羅蜜니이 以

是名字로 汝當奉持라하 所以者何오 須菩提야 佛說般若波羅

蜜이卽非般若波羅蜜새일 是名 般若波羅蜜라이니 須菩提야 於意

云何오 如來ㅣ有所說 法不아 須菩提 白佛言대하사 世尊하

如來ㅣ無所說이다니 須菩提야 於意云何오三千大千世界 所有

微塵이 是爲多不아 須菩提—言 甚多니 世尊하 須菩提야 諸

微塵을 如來—說 非微塵새일 是名微塵이며 如來—說世界—

非世界새일 是名世界라니 須菩提야 於意云何오 可以三十二相으로 見

如來不아 不也니이 世尊하 不可以三十二相으로 得見如來니 何以

故오 如來—說 三十二相은 即是非相새일 是名三十二相이다니

須菩提야 若有善男子 善女人이 以恒河沙等身命으로 布施대하

若復有人이 於此經中에 乃至受持四句偈等야하 爲他人說면하 其

福이 甚多라니

離相寂滅分 第十四

爾時에 須菩提—聞說是經고옵하사 深解義趣사하 涕淚悲泣며하 而白

佛言하사 希有世尊하 佛説如是 甚深經典은 我從昔來 所得

慧眼으로 未曾得聞如是之經다호이 世尊하 若復有人이 得聞是經고하

信心淸淨면하 即生實相니하리 當知是人은 成就第一希有功德니이

世尊하 是實相者는 即是非相새일 是故로 如來ㅣ説名實相이니

世尊하 我今得聞如是經典고하 信解受持는 不足爲難니이어 若當

來世 後五百歲에 其有衆生이 得聞是經고하 信解受持면하 是人은

即爲第一希有니 何以故오 此人은 無我相며하 無人相며하 無衆生

相며하 無壽者相니이 所以者何오 我相이 即是非相며이 人相 衆生相

壽者相이 即是非相이다니 何以故고잇 離一切相이 即名諸佛이다니 佛

告須菩提하사 如是如是다하 若復有人이 得聞是經고하 不驚不怖

不畏면하 當知是人은 甚爲希有니 何以故오 須菩提야 如來説第

一波羅蜜이 即非第一波羅蜜새일是名第一波羅蜜라이니 須菩提

야忍辱 波羅蜜이 如來ㅣ說非忍辱波羅蜜새일是名忍辱 波羅

蜜니이 何以故오須菩提야如我昔爲歌利王에割截身體대호我於

爾時에 無我相하며無人相하며無衆生相하며無壽者相라이니何以故오

我於往昔 節節支解時에若有我相人相衆生相壽者相면이應

生嗔恨니라일러須菩提야又念過去於五百世에作忍辱仙人야하於

爾所世에 無我相하며無人相하며無衆生相하며無壽者相라호是故로

須菩提야菩薩이應離一切相고하發阿耨多羅三藐三菩提心니이

不應住色生心며하不應住聲香味觸法生心요이應生無所住心

若心有住면即爲非住니是故로佛說菩薩이心不應住色

布施노라하須菩提야菩薩이爲利益一切衆生야하應如是布施니如

來說一切諸相이 卽是非相이며 又說一切衆生이 卽是非衆生이니

須菩提야 如來는 是眞語者며 實語者며 如語者며 不誑語者며

不異語者라니 須菩提야 如來所得法은 此法이 無實無虛라니 須

菩提야 若菩薩이 心住於法야하 而行布施면하 如人이 入暗에 卽無

所見요이 若菩薩이 心不住法야하 而行布施면하 如人이 有目야하 日光

明照에 見種種色라이니 須菩提야 當來之世에 若有善男子 善女

人이 能於此經에 受持讀誦면하 則爲如來ㅣ以佛智慧로 悉知是

人며하 悉見是人이야하 皆得成就無量無邊功德라하리

持經功德分 第十五

須菩提야 若有善男子 善女人이 初日分에 以恒河沙等身로으

布施하며 中日分에 復以恒河沙等身으로 布施하며 後日分에 亦以恒

河沙等身으로 布施하야 如是無量 百千萬億劫을 以身布施하고 若

復有人이 聞此經典하고 信心不逆하면 其福이 勝彼하리 何況書寫

受持讀誦하야 爲人解說이어야 須菩提야 以要言之댄컨 是經이 有不

可思議 不可稱量無邊功德이니하 如來ㅣ 爲發大乘者說며이 爲發

最上乘者說라이니 若有人이 能受持讀誦하야 廣爲人說하면 如來ㅣ

悉知是人며하 悉見是人야하 皆得成就 不可量不可稱無有邊不

可思議功德이니하리 如是人等은 即爲荷擔如來 阿耨多羅三藐

三菩提니 何以故오 須菩提야 若樂小法者는 着 我見人見 衆

生見 壽者見새일 即於此經에 不能聽受讀誦하야 爲人解說하리 須

菩提야 在在處處에 若有此經면하 一切世間 天人阿修羅의 所

應供養니이 當知此處는 卽爲是塔라이 皆應恭敬 作禮圍繞야하 以

諸華香로으 而散其處라하리

能淨業障分 第十六

復次須菩提야 善男子 善女人이 受持讀誦 此經대호 若爲人 輕賤

면하 是人이 先世罪業로으 應墮惡道언만 以今世人이 輕賤

故로 先世罪業이 卽爲消滅고하 當得阿耨多羅三藐三菩提하리니

須菩提야 我念過去 無量阿僧祇劫에 於燃燈佛前에 得値八

百四千萬億那由他諸佛야하 悉皆供養承事야하 無空過者라호 若

復有人이 於後末世에 能受持讀誦此經면하 所得功德이 於我所

供養諸佛功德으로 百分에 不及一이며 千萬億分乃至 算數譬喩
로 所不能及이니 須菩提야 若 善男子 善女人이 於 後末世에 有
受持讀誦此經하난 所得功德을 我若具説者면 或有人이 聞하고 心
即狂亂하야 孤疑不信하리니 須菩提야 當知 是經義ㅣ不可思議며
果報도 亦不可思議라니

究竟無我分 第十七

爾時에 須菩提白佛言하사대 世尊하 善男子善女人이 發阿耨多
羅三藐三菩提心하니는 云何應住며 云何降伏其心하리잇고 佛이 告
須菩提하사대 若 善男子 善女人이 發阿耨多羅三藐三菩 提心

者는 當生如是心니이 我應滅度一切衆生호리 滅度一切衆生已

而無有一衆生도 實滅度者는하야 何以故오 須菩提 若菩薩이

有我相人相衆生相壽者相이면 即非菩薩니이 所以者何오 須菩

提야 實無有法發阿耨多羅三藐三菩提心者라니 須菩提야 於

意云何오 如來於 燃燈佛所에 有法得阿耨多羅三藐三菩提

不아 不也니 世尊하 如我 解佛 所說義댄컨대 佛이 於燃燈佛所에

無有法得阿耨多羅三藐三菩提이다니 佛言하사대 如是如是다하 須菩

提야 實無有法如來得阿耨多羅三藐三菩提니 須菩提야 若有

法如來得阿耨多羅三藐三菩提者댄인 燃燈佛이 即不與我授

記하사 汝於來世에 當得作佛야하 號를 釋迦牟尼라하시 以實無有法

得 阿耨多羅三藐三菩提새일 是故로 燃燈佛이 與我授記사하 作

是言하사 汝於來世에 當得作佛야하 號를 釋迦牟尼시니라하 何以故오

如來者는 即諸法如義라니 若有人이 言 如來得 阿耨多羅三

藐三菩提라하면 須菩提야 實無有法 佛得 阿耨多羅三藐三菩

提니하 須菩提야 如來 所得 阿耨多羅三藐三菩提는 於是中에

無實 無虛라하니 是故로 如來說一切法이 皆是佛法이라하노니 須菩提

야 所言一切法者는 即非一切法새일 是故로 名一切法이라인 須菩

提야 譬如人身長大라니 須菩提言하사 世尊하 如來說人身長大

一即爲非大身새일 是名大身이다니 須菩提야 菩薩도 亦如是야하 若

作是言대호 我當滅度 無量衆生하면라 即不名菩薩니이 何以故오 須

菩提야 實無有法 名爲菩薩니이 是故로 佛說一切法이 無我無

人無衆生無壽者라하노라 須菩提야 若菩薩이 作是言대호 我當 莊嚴

佛土면라하 是不名菩薩니이 何以故오 如來說 莊嚴佛土者는 即非

莊嚴새일 是名莊嚴라이니 須菩提야 若菩薩이 通達無我法者는 如來

—説名 眞是菩薩라이니

一體同觀分 第十八

須菩提야 於意云何오 如來—有 肉眼不아 如是니이 世尊하 如

來—有肉眼이니 須菩提야 於意云何오 如來—有天眼不아 如

是니이 世尊하 如來—有天眼이니 須菩提야 於意云何오 如來有

慧眼不아 如是니이 世尊하 如來—有慧眼이니 須菩提야 於意云

何오 如來有法眼不아 如是니이 世尊하 如來ㅣ有法眼이어니 須菩

提야 於意云何오 如來ㅣ有佛眼不아 如是니이 世尊하 如來有佛

眼이어니 須菩提야 於意云何오 如恒河中所有沙를 佛說是沙不아

如是니이 世尊하 如來說是沙니이 須菩提야 於意云何오 如一恒

河中所有沙야하 有如是沙等恒河든어 是諸恒河所有沙數 佛世

界ㅣ如是 寧爲多不아 甚多니이 世尊하 佛이 告須菩提대하사 爾所

國土中所有衆生의 若干種心을 如來悉知니하노 何以故오 如來

ㅣ說諸心이 皆爲非心새일 是名爲心니이 所以者何오 須菩提야 過

去心不可得며이 現在心不可得며이 未來心不可得라이니

須菩提야 於意云何오 若有人이 滿 三千大千世界七寶로 以用

布施하면 是人이 以是因緣으로 得福이 多不아 如是니 世尊하 此人이

以是因緣으로 得福이 甚多니이다 須菩提야 若 福德이 有實댄인 如來ㅣ

不說得福德多니 以福德이 無故로 如來ㅣ 說得福德多라니

離色離相分 第二十

須菩提야 於意云何오 佛을 可以具足色身으로 見不아 不也니이다 世

尊하 如來를 不應以具足色身으로 見이니이 何以故오 如來說具足色

身이 即非具足色身새일 是名具足色身이다니 須菩提야 於意云何오

如來를 可以具足諸相으로 見不아 不也니이다 世尊하 如來를 不應以
具足諸相으로 見이니 何以故오 如來ᅵ 說 諸相具足이 卽非 具足
새일 是名諸相具足이니다

非說所說分 第二十一

須菩提야 汝ᅵ 勿謂 如來ᅵ 作是念호 我當有 所說法하면 莫
作是念이니아 何以故오 若人이 言如來 有所說法하면 卽爲謗佛이라이
不能解我所說故니 須菩提야 說法者는 無法可說이 是名說法
이라니 爾時에 慧命 須菩提ᅵ 白佛言대하사 世尊하 頗有衆生이 於
未來世에 聞說是法을하시고 生信心不가잇 佛言대하사 須菩提야 彼非衆
生며이 非不衆生니이 何以故오 須菩提야 衆生衆生者는 如來ᅵ 說

非 衆生의 是名衆生이니

無法可得分 第二十二

須菩提ㅣ白佛言하사대 世尊하 佛이 得阿耨多羅三藐三菩提는 爲無所得耶니잇가 佛言하사대 如是如是다하 須菩提야 我於阿耨多羅三藐三菩提에 乃至無有少法可得이새일 是名阿耨多羅三藐三菩提라니

浄心行善分 第二十三

復次 須菩提야 是法이 平等야하 無有高下새일 是名阿耨多羅三

藐三菩提니 以無我無人 無衆生 無壽者로 修一切善法면 即

得阿耨多羅三藐三菩提니하리 須菩提야 所言善法者는 如來ㅣ

說 即非善法일새 是名善法이니라

福智無比分 第二十四

須菩提야 若 三千大千世界中 所有諸 須彌山王 如是等

七寶聚를 有人이 持用布施어든 若人이 以此般若波羅蜜經으로 乃

至四句偈等을 受持讀誦하야 爲他人說하면 於前福德으로 百分에 不

及一이며 百千萬億分 乃至算數譬喻로 所不能及이니라

化無所化分 第二十五

須菩提야 於意云何오 汝等은 勿謂如來ㅣ作是念호대 我當度衆

生하이라 須菩提야 莫作是念니이 何以故오 實無有衆生 如來度者

若有衆生 如來度者며 如來ㅣ即有我人衆生壽者라니 須菩

提야 如來說 有我者는 即非有我늘어 而 凡夫之人이 以爲有我

니일새 須菩提야 凡夫者는 如來ㅣ說即非凡夫새일 是名凡夫라니

法身非相分 第二十六

須菩提야 於意云何오 可以三十二相으로 觀如來不아 須菩提ㅣ

言하사 如是如是이다하니 以三十二相으로 觀如來다닝 佛言대하사 須菩提야

若以三十二相으로 觀 如來者댄인 轉輪聖王이 即是 如來다로 須

菩提ㅣ白佛言대하사 世尊하 如我解佛所說義댄컨 不應以三十二

相으로觀如來다니이 爾時에 世尊이 而說偈言대하사

若以色見我어 以音聲求我면하
是人은 行邪道라 不能見如來라니

無斷無滅分 第二十七

須菩提야 汝若作是念 如來不以具足相故로 得 阿耨多羅
三藐三菩提아 須菩提야 莫作是念 如來ㅣ不以具足相故로
得阿耨多羅三藐三菩提라하 須菩提야 汝若作是念 發阿耨
多羅三藐 三菩提心者는 說 諸法斷滅가 莫作是念니이 何以
故오 發 阿耨多羅三藐三菩提心者는 於法에 不說斷滅相라이니

不受不貪分 第二十八

須菩提야 若菩薩이 以滿恒河 沙等 世界七寶로 持用布施든어

若復有人이 知一切法無我야하면 得成於忍 此菩薩이 勝前菩薩
의 所得功德니이 何以故오 須菩提야 以諸菩薩이 不受福德故라니
須菩提—白佛言대하사 世尊하 云何菩薩이 不受福德잇이니 須菩
提야 菩薩의 所作福德은 不應貪着새일 是故로 説不受福德라이니

威儀寂静分 第二十九

須菩提야 若有人이 言如來—若來 若去若坐若臥면라하 是人은
不解我 所説義니 何以故오 如來者는 無所從來며 亦無所去새일
故名如來라니

一合理相分 第三十

須菩提야 善男子 善女人이 以 三千大千世界로 碎爲微
塵하면 於意云何오 是 微塵衆이 寧爲多不아 須菩提言하사대 甚多
世尊하 何以故오 若是微 塵衆이 實有者댄 佛이 即不說 是
微塵衆이 所以者何오 佛說微 塵衆이 即非微塵衆새일 是名微
塵衆이니 世尊하 如來所說三千大千世界—即非世界새일 是名
世界니 何以故오 若世界—實有者댄 即是一合相니이 如來—說
一合相은 即非一合相새일 是名一合相이다니 須菩提야 一合相者는
即是不可說늘이어 但 凡夫之人이 貪着其事라니

知見不生分 第三十一

須菩提야 若人이 言 佛說我見 人見 衆生見 壽者見하면라 須

菩提야 於意云何오 是人이 解我所說義不아 不也니이 世尊하 是
人이 不解如來所說義니 何以故오 世尊이 說我見人見衆生見
壽者見은 卽非 我見人見衆生見壽者見새일 是名 我見人見
衆生見 壽者見이다니 須菩提야 發阿耨多羅三藐三菩提心者는
於 一切法에 應如是知하며 如是見하며 如是信解야하 不生法相니이
須菩提야 所言法相者는 如來 說卽非法相새일 是名法相라이니

應化非眞分 第三十二

須菩提야 若有人이 以滿無量阿僧祇世界七寶로 持用布施든어
若有善男子 善女人이 發 菩薩心者ㅡ 持於此經야하 乃至四

句偈等을 受持讀誦하야 爲人演說하면 其福이 勝 彼하리니 云何爲人

演說고 不取於相하야 如如不動이니 何以故오

一切有爲法이 如夢幻泡影하며

如露亦如電이니하 應作如是觀이니라

佛이 説是經已하시니 長老須菩提와 及諸比丘比丘尼와 優婆塞

優婆夷와 一切世間天人阿修羅ㅣ 聞佛所説하사 皆大歡喜하사

信受奉行하시니라

金剛般若波羅蜜經 終

금강반야경

역자약력 : 정호영 (鄭滈泳)

1952년 충주 출생으로
1976년 서강대학교 영문과를 거쳐
1984년 동국대학교 대학원 인도철학과 박사과정 수료.
현재 충북대학교 인문대학 철학과 조교수.
저·역서로는
《여래장사상》, 《산스크리트 語文法》,
《存在의 분석 —아비달마》, 《호의 논리 —중관》 등이 있다.

불
교
경
전
④
금 강 경

1993년 11월 20일 초판 1쇄 발행
2012년 9월 15일 초판 7쇄 발행

역 자 — 정 호 영
발행인 — 윤 재 승
ⓒ발행처 — 민 족 사

등록 제1-149호, 1980. 5. 9.
서울 종로구 수송동 58 두산위브파빌리온 1131호
전화 (02) 732-2403~4, 팩스 (02) 739-7565
홈페이지 // www.minjoksa.org
E-mail / minjoksa@chol.com

값 8,000원

ISBN 978-89-7009-161-7 04220

● 경전은 부처님의 말씀입니다.
● 경전을 소중히 합시다.